EL APOCALIPSIS DEL ÁNGEL ERRADICADOR

BELÉN BERNALDO DE QUIRÓS

EL APOCALIPSIS DEL ÁNGEL ERRADICADOR

ERRADICADOR

GUÍA PARA VENCER EL MAL

BELÉN BERNALDO DE QUIRÓS

Primera edición: marzo 2020
ISBN: 978-2-9602540-0-6

DEDICATORIA

A mis divinas, siempre.

ÍNDICE

Erradicar para que se haga la Luz, venciendo a las tinieblas.
EL ÁNGEL ERRADICADOR

AGRADECIMIENTOS

A los místicos que han compartido sus visiones, aun a riesgo de sus vidas, por el bien de la humanidad.

Al Arcángel Miguel por marcar el camino. Bendito sea.

Ad Majorem Dei Gloriam

Sancte Michael Archangele, defende nos in proelio, contra nequitiam et insidias diaboli esto praesidium.

Imperet illi Deus, supplices deprecamur: tuque, Princeps militiae coelestis, Satanam aliosque spiritus malignos, qui ad perditionem animarum pervagantur in mundo, divina virtute, in infernum detrude.

Amen.

PREFACIO

₁Y dijo Dios: "Toma un rollo y anota todo lo que yo te digo"
JEREMÍAS 36

Tras infinitas precauciones, este libro ve finalmente la luz con la ardua misión de hacer públicas una serie de revelaciones preservadas en secreto hasta ahora por un pequeño número de iniciados consagrados al Eterno.

La humanidad ha vivido afligida por el Mal, siglo tras siglo, desde la noche de los tiempos. Hoy en día, en pleno predominio del Mal, es capaz de autodestruirse haciendo un uso equivocado de los avances tecnológicos y científicos.

Por consiguiente, el momento es oportuno para desvelar estos antiguos conocimientos con el propósito de guiar a los que entenderán su mensaje. Serán aquellos que estén comprometidos con el Bien y, por tanto, decididos a luchar espiritualmente.

Esta obra recoge las revelaciones del Ángel encargado de erradicar el Mal y contiene sus instrucciones para cumplir con la misión cardinal de vida de aniquilarlo allí dónde se encuentre. Ello, para proteger el alma del planeta y garantizar su supervivencia.

La Tierra es terreno hostil para el Bien y, el Mal, sin encontrar obstáculos se instala subrepticiamente, aunque, el Eterno no tolera el desequilibrio. Así, a cada generación, el Altísimo escoge a un puñado de perfectos y les encomienda la tarea de combatir espiritualmente el Mal para nivelar las fuerzas y asegurar la estabilidad global.

Aquellos que han sido investidos con semejante responsabilidad son los erradicadores. Su misión implica inevitablemente el sacrificio de sí, es ruda y conlleva numerosas renuncias.

Para cumplir con su destino, deben luchar incansablemente contra el Mal dónde se encuentre, sin importar el precio que deban pagar en el ámbito personal. A cambio, ninguna fuerza oscura podrá afectar su esencia espiritual ni su voluntad. No así su cuerpo.

Este libro recopila algunos mensajes recibidos por

erradicadores, que son los místicos disidentes por excelencia. Por ello, su contenido puede resultar extraño al profano y en algunos casos hasta subversivo.

Las afirmaciones del Ángel se refieren a la colectividad y hacen poco o ningún caso de las sensibilidades individuales. Si llegasen a chocar al lector es por lo que tienen de extranjeras a la mentalidad del humano promedio. En ocasiones, el tono del Ángel es brutal y, a veces, su dureza es diamantina, sin dejar espacio para arrepentimientos o recursos. Para el Ángel, cuando el tiempo se ha agotado, no hay vuelta atrás.

De acuerdo con el funcionamiento del universo, las potencias celestiales no dan tregua ni cuartel al Mal. A gran escala, tanto la creación como la destrucción se llevan a cabo en completo silencio y sin reparos. Para comprobarlo, basta observar la danza del cosmos.

Este libro contribuirá a la iluminación de todos aquellos que hayan alcanzado un alto grado de integridad espiritual. Si bien, la quintaesencia de las grandes verdades que contiene solo será captada por una minoría que posea un nivel superior de consciencia. Por su parte, el lector avisado apreciará disponer por fin de un manual de guerra espiritual que detalla sus tácticas.

Aquellos que sean indignos del conocimiento que contiene este texto no tendrán acceso a él y ningún ser malintencionado conseguirá hacer mal uso de las revelaciones del Ángel erradicador porque, esta información solo puede ser puesta en práctica si se está dispuesto a combatir al servicio del Bien.

Con todo, si está usted entre los lectores de esta obra, puede considerarlo como una confirmación de su arrojo vital y dar por hecho que su trayectoria espiritual va por buen camino.

En fin, sea cual sea el provecho que el iniciado extraiga de estas páginas, el Apocalipsis del Ángel erradicador le desvelará conocimientos inapreciables sobre las fuerzas activas en el universo.

Son saberes inéditos porque, a pesar de lo muy documentada que está la obra de los místicos y de los santos, poco o nada se ha escrito sobre los operarios de la LUZ que limpian las grandes auras colectivas y hacen posible la supervivencia del planeta y de la humanidad.

Estas páginas recogen en itálica las revelaciones del Ángel tal y como fueron transmitidas y, cuando resulta necesario para facilitar su comprensión, van seguidas o precedidas por las aclaraciones del escriba. Los textos sagrados y los versículos incluidos guardan relación con las revelaciones y las corroboran.

Adentrémonos en ello.

EN NOMBRE DEL ETERNO, DIOS DEL UNIVERSO

20 He aquí que yo voy a enviar un Ángel delante de ti, para que te guarde en el camino y te conduzca al lugar que te tengo preparado. 21 Pórtate bien en su presencia y escucha su voz, no le seas rebelde, que no perdonará vuestras transgresiones, pues en él está mi NOMBRE. *22 Si escuchas atentamente su voz y haces todo lo que yo diga, tus enemigos serán mis enemigos y tus adversarios mis adversarios.*

ÉXODO 23

1

LOS ERRADICADORES

Rabbí Simón se puso a llorar mientras exclamaba: ¡Desdichado de mí, si revelo estos misterios, y desdichado de mí si no los revelo!
EL ZOHAR III

6 El Eterno está conmigo y no tengo miedo, ¿qué puede hacerme el hombre?
SALMO 118

3 Su tiempo el matar, y su tiempo el sanar; su tiempo el destruir, y su tiempo el edificar.
ECLESIASTÉS 3

HABLA EL ÁNGEL,
SOBRE LA MISIÓN DE LOS ERRADICADORES

Cada Yo divino o alma raíz se encarna simultáneamente en diferentes soportes y en varios mundos, desde seres humanos hasta estrellas o planetas, pasando por múltiples formas de consciencia. La forma humana es solo una de ellas.

El Yo Divino envía sus cuerpos al mundo para que obren por él y le entreguen, durante el sueño y al final de la vida, la esencia de sus experiencias.

Solo las almas muy evolucionadas pueden comunicar con su Yo divino y, de entre ellas, solo reciben una misión colectiva aquellas que están a punto de finalizar su rueda de reencarnaciones al haber alcanzado un alto nivel espiritual.

Por designio divino, esas almas tienen la capacidad de influir a escala global con el fin de destruir los depósitos de Mal anclados en grandes colectividades. Para lograrlo, su amor a Dios ha de ser infinito.

Los que han recibido semejante misión son los erradicadores. Su labor es anular el Mal preventivamente, pero, cuando fracasan, la cólera de la Tierra se desencadena porque el Creador no permite que el Mal prospere en el mundo sin que se produzcan terribles consecuencias. Entonces, el Eterno retira su protección y, con ello, permite que el Mal acaezca.

Por tanto, el Bien no puede sobrevivir, ni la creación asentarse, sin eliminar regularmente el exceso de Mal.

Los erradicadores son purificadores que eliminan los desechos espirituales a nivel colectivo y están destinados a acompañar la destrucción reparadora que precede a la reconstrucción.

Sin ellos, la humanidad no sobreviviría.

Son almas muy antiguas, probadas al crisol de mil pruebas y desdichas, sin haber traicionado nunca la voluntad de Dios. Para ellos, solo Dios cuenta.

Hay pocos elegidos que puedan comunicar con la divinidad por haber alcanzado la pureza necesaria para escucharla. Los que lo logran, viven en perpetuo diálogo con el Eterno al que sirven como consagrados.

De entre ellos, una exigua minoría depura los desechos espirituales grupales para extinguir el Mal, siguiendo las instrucciones del Ángel erradicador que, es su guía y su intermediario con la divinidad.

Con todo, los erradicadores NUNCA eliminan físicamente a los malignos. Ese trabajo compete exclusivamente al Eterno. Si la eliminación de un ser de las sombras fuera necesaria, el erradicador sintonizará con la frecuencia divina y lo que deba acontecer, sucederá.

El erradicador es un guerrero de Dios y no un sicario espiritual. Un aliado del Bien y, por ende, un purificador.

Hay grandes Ángeles dedicados a guiar a los erradicadores. Algunos han transitado por la rueda de reencarnaciones y, reforzados por esa experiencia, dan instrucciones a los encarnados que viven la expiación en la materia para preservar la supervivencia de sus congéneres, de los seres sensibles y del planeta.

La misión de los erradicadores consiste en atajar el Mal dónde se haya alojado, apuntando directamente al foco del que emana que, en la mayoría de los casos, afecta a una sociedad y en contadas ocasiones, a un individuo, cuando se trata de humanos consagrados a las tinieblas.

Los colectivos infectados pueden ser de gran talla. Todos los sensitivos y los psíquicos saben que existen naciones con una mente grupal diabólica, que son verdaderos nidos del Mal.

Entre todos los consagrados, los erradicadores son los únicos con suficiente poder como para transmutar el Mal de grandes comunidades.

Una vez eliminada la negrura del conjunto, el vacío que se instala en su lugar se traduce en serias dificultades que sus gentes deberán superar para enmendarse. Pero, si no se efectuase la corrección, sobrevendría su asolamiento.

En cada generación, el Eterno envía varios erradicadores, salvo cuando ha de acaecer una extinción masiva planetaria porque, entonces, encarna uno solo para acompañarla y facilitarla.

La misión del erradicador requiere un esfuerzo sostenido que implica estar siempre atento y a la escucha, aunque, debe espaciar las erradicaciones porque, su frecuencia vibratoria sube en flecha durante esa operación, hasta el punto de ser difícilmente tolerable por el cuerpo. Si se realizan demasiado a menudo, el soporte material se deteriora.

Con todo, la dedicación del erradicador debe ser regular porque las sociedades que se han de purificar son el Mal encarnado y nunca puede extirparse el Mal de una sola vez.

Para verse investido de la misión de erradicar, es preciso estar plenamente entregado a Dios, sin fallas ni componendas y en sintonía con la energía de la Fuente original, el Infinito.

Y cuando el erradicador alcanza un determinado nivel en su evolución espiritual, se integra en el Gran Espíritu.

Así pues, los erradicadores son los elegidos que han recibido el mayor regalo espiritual y, a la vez, la mayor carga. La suya es la misión más exigente sobre la Tierra, la que consiste en destruir el Mal dónde se halle. Y han de ser capaces de hacerlo desde su condición humana, que es un tremendo estorbo.

Desde el inicio de los tiempos, han existido pocos erradicadores capaces de destruir el Mal en sistemas, galaxias y universos. La razón es que, para conseguir semejante impacto, su alma debe venir del fuego porque fuego puro es la naturaleza del Ángel erradicador.

Puesto que, el Ángel erradicador es fuego, no ama ni protege a los débiles. Presentar la otra mejilla no entra en su modo de proceder y de nada sirve desafiarle. El Ángel demanda a sus devotos y acólitos que respeten su naturaleza ígnea.

A pesar de ello, el Ángel no exige del erradicador que renuncie a su humanidad, ni a la compasión. Sí requiere de él que logre preservar su energía divina por encima de todo.

El Ángel enseña a levantar un muro frente a toda traición a Dios ya que, en todo el universo, no existe mayor pecado. La traición es vampirismo y sin medidas de protección, la energía del Bien va siendo drenada poco a poco y se agota.

El Mal y los malvados están por todas partes. Son preponderantes. Luego, para sobrevivir, cada ser de Luz ha de mantener el vínculo con el Eterno y conservar pura su aura.

Los enviados por el Ángel erradicador no son totalmente humanos, son parcialmente distintos de sus congéneres, por lo que, a menudo, se transforman en un blanco para los humanos promedio, que tienden a ser carnes pútridas.

Los erradicadores encarnan en la Tierra con el único propósito de cumplir la misión que han recibido y todo lo demás es accesorio. Nunca para confraternizar con las carnes.[1]

Por ello, uno de los mayores errores que puede cometer el erradicador es ser demasiado amigable y confiado con las personas,

---

[1] NOTA DEL ESCRIBA: Los grandes maestros espirituales han confirmado que el humano común carece de valor espiritual. Jesús trataba a los hombres de "raza de víboras" y Zoroastro les llamaba "alma de barro", él que era un adorador del fuego.

pensando que poseen su misma naturaleza benevolente y que sus merecimientos son comparables a los suyos.

Este error puede obstaculizar e incluso impedir el cumplimiento de su destino, afectando su aura y haciendo que se descargue en beneficio del prójimo. Por ello, es imperativo que aprenda a corregir tamaña debilidad.

Desde que son muy jóvenes, el Ángel indica a los erradicadores lo que deben hacer y cómo deben conducirse. Ello incluye no considerar como iguales a las carnes, que son demasiado a menudo recipientes del Mal.

Esta obligación genera en ellos grandes resistencias, porque los erradicadores, que son radicalmente buenos, suelen ceder a su naturaleza profunda, empeñandose en defender a las gentes como a semejantes y considerando sus inteligencias como equivalentes. Eso es lo que habrán de pagar después.

Todas las etapas de la misión de erradicador deberán ser superadas, por lo que la máxima eficacia se alcanza bien avanzada la vida, cuando ya sabe distinguir cómo y a quién ofrecer su bondad. Esto es, cómo y con quién gastar su energía. Ciertamente, ha encarnado para servir, pero no a sus coetáneos, sino a la Tierra. Cuanto antes lo entienda, menos sufrirá.

Cuando los erradicadores consigan guardar una refinada distancia con sus congéneres, sus vidas serán menos traumáticas y avanzarán más rápido en la eliminación del Mal desde la posición del *infiltrado, estando preocupados únicamente por el bien del planeta y dejando aparte cualquier otra consideración.*

Puesto que, la memoria se borra al encarnar, lo más difícil para el erradicador es comprender que procede de muy lejos y que viene con misiones y energías que son ajenas a las humanas.

HABLA EL ÁNGEL,
SOBRE EL SERVICIO AL PLANETA

El cimiento del universo es la ley de creación y destrucción. Son las dos fases del mismo fenómeno, ambas indispensables para mantener lo creado y preservar el equilibrio de las fuerzas cósmicas.

Cuando un planeta, e incluso cuando un sistema solar, se vuelve tóxico por haber sido contaminado por la maldad, para poder salvarlo ha de ser imperativamente purificado del Mal que le carcome.

El Mal actúa como una plaga y se extiende hasta instalarse en planetas y en grupos de personas que pueden ser organizaciones, localidades o países enteros y, en ocasiones, individuos.

El Mal se incrusta y, después, crece como un cáncer. Actúa como los virus, bacterias y parásitos que, a pesar de ser minúsculos, son capaces de destruir a su anfitrión.

Cada misión como operario de la Luz está al servicio de la Tierra y de su supervivencia sin reparar en las preocupaciones del consagrado que la desempeña porque, lo elevado de su evolución ha de permitirle pasar por alto los límites y trabas de la materia.

La implacabilidad es el único modo de cumplir con objetivos que se dirigen a conjuntos que pueden llegar a ser considerables.

La principal contribución del erradicador a la protección del planeta es elevar su frecuencia vibratoria al limpiar el Mal que le aflige. Por ello, aun estando atrapados en un cuerpo mortal, son colosos espirituales en comparación con sus congéneres.

La suya es una misión esencial en prevención de grandes desgracias porque los malévolos corroen la Tierra como termitas.

Si los erradicadores no llegasen a cumplir o no pudiesen cumplir con su misión, el planeta acabará por defenderse lanzando destrucciones que serán colectivas e indiscriminadas. A veces incluso masivas, cuando el Mal haya impregnado toda la Tierra porque, los pecados individuales se acumulan y se pagan colectivamente, esta es la Ley.

La Tierra es un ser vivo, consciente y espiritualmente poderoso, y su alma se defiende de las agresiones de la mente colectiva de sus huéspedes mediante grandes sacudidas que se traducen en desastres naturales y, episódicamente, en algo peor porque, cuando el Mal impera en el mundo, cuando se enquista e instala, la balanza planetaria se desnivela y llegan las pestes, las catástrofes y los cataclismos.

Esto es precisamente lo que la acción de los erradicadores ha de evitar. Ellos son los instrumentos del Eterno al servicio de la Tierra en la lucha constante contra la maldad que existe desde el principio de los tiempos.

A los enviados de Dios les corresponde librar la batalla por el Bien en un mundo construido sobre el Mal.

Muchas son las dudas que el erradicador alberga a lo largo de su existencia, pero, cuando Dios le encomienda una tarea a través del Ángel, ha de entregarse a ella por completo, dejándolo todo si fuese necesario. Su primera obligación es aprender a hacerlo.

HABLA EL ÁNGEL,
SOBRE LA VIDA DEL ERRADICADOR

Los erradicadores exceden la dimensión humana, aunque, deben pagar un alto precio personal a cambio de tamaño privilegio. Ese precio incluye soledad, incomprensión e incluso rechazo por parte de sus semejantes que les perciben intuitivamente como extraños a este mundo. Su superioridad moral y espiritual molesta y no es raro que sus vidas sean socialmente un calvario.

Los erradicadores vienen al mundo dotados de talento y contribuyen a la sociedad a través de su actividad profana, pero, si algún erradicador alcanzase la fama, sería póstuma.

Sus vidas están inextricablemente unidas a la muerte, a todo tipo de muertes, como lo que son, un aprendizaje y un renacimiento ya que, morir es despertar a la Luz. Son ellos los que experimentan en vida el éxtasis místico de la muerte. De todas las formas de muerte.

La labor del erradicador se ejerce en soledad, silencio y secreto. Nunca llega a conocer a sus contemporáneos investidos de la misma función. No hay posibilidad de hacer equipo cuando se viene a erradicar. Así debe ser para que no se contaminen sus fuerzas.

El erradicador no es un hijo de su tiempo por lo que, se siente extraño e incómodo en el mundo de la materia desde su infancia. A él se adapta penosamente y ello hace que su salud se resienta.

La clave para que alcance la paz, incluso física, es luchar contra su tendencia indiscriminada a hacer el Bien, de la que sus congéneres abusan. De ellos ha de alejarse.

En recompensa por sus penas y sacrificios, los erradicadores acumulan enormes méritos espirituales y están dotados de un aura potente y brillante que les protege. A veces son santos.

Saben que es vano tratar de luchar de frente contra el Mal colectivo, pertrechados con la única defensa de un frágil soporte humano.

Entienden que, las fuerzas son desiguales porque, el mundo está basado en la corrupción moral y material y en la podredumbre de la humanidad, con lo que, aquel que pretende combatir el Mal a partir de una vida activa convencional, es inevitablemente destruido. Su vida deviene un esfuerzo estéril y peligroso.

Por ello, Dios quiere a sus hijos aislados y concentrados para que sean capaces de luchar. Así, los erradicadores han de abrazar su ineludible soledad para cumplir su misión. Si formasen parte de un grupo, serían identificables y acabarían siendo reconocidos y, en consecuencia, neutralizados o destruidos.

Y no por estar solos son más débiles que los gregarios, al contrario, son más fuertes por estar con Dios, fuente de toda energía. Además, la falsa apariencia de fragilidad que proyecta su aislamiento despista a los malignos y les ayuda a vencerles.

Los erradicadores han de estar siempre atentos a la voz del Ángel, lejos de las exigencias de la carne, del materialismo, del ego y del poder para que su preciosa energía no se mancille. Para ello, han de abandonarse a la voluntad divina con total confianza, sabiendo que Dios proveerá.

Su fuerza radica en el contacto permanente con la divinidad a partir de la contemplación. En ella está la fuerza espiritual y el poder de curación.

Los erradicadores devienen videntes al establecer diariamente el vínculo con la divinidad y solicitan señales para saber que van por el buen camino.

Se regeneran mediante la oración y rezan tan intensamente como para perder la noción de todo lo demás, porque Dios todo lo es y todo lo puede.

El erradicador se eleva, pidiendo que la divinidad le ilumine, le guíe y le diga las palabras que tiene que pronunciar o escribir. Ruega que el Eterno le inspire de modo que, la palabra de Dios sea su palabra.

Su oración apela a lo más recóndito del corazón y se transforma en emoción porque, sin ella, no es posible erradicar. Cualquiera que sea la naturaleza y el volumen del Mal perpetrado, si antes no experimenta en carne propia el sufrimiento que ha sido causado, no podrá erradicarlo.

Así, la emoción intensa de miedo debe transformarse en cólera para poder erradicar de modo eficaz. Sólo la emoción de la cólera multiplica las fuerzas espirituales para acertar de pleno en el objetivo y eliminar el Mal que le invade.

Pero la cólera no es enfado, es un fuego frío que hay que acumular, controlar y dirigir para expulsarlo como un rayo rojo por los pies. En ciertas ocasiones, por el segundo chakra.

Al estar atrapado en la cárcel de la carne, el erradicador establece un nexo continuo con la divinidad ya que, es imperativo que su vibración sea la adecuada para captar los mensajes del Ángel y ser capaz de transmutar el Mal.

Los humanos viven en una banda de frecuencia muy estrecha y, para ellos, lo esencial siempre permanece invisible.

De modo que, los erradicadores han de trabajar su poder oculto y no tratar de inmiscuirse o de mejorar el entorno en el que evolucionan, porque existe el riesgo de que, en lugar de cambiarlo, cambien ellos a fuerza de implicarse y de transigir, contaminándose y pervirtiéndose.

A causa de su fuerte sensación de propósito, puede que ambicionen transformar el mundo, pero terminarán por aceptar que el intento de influir positivamente en el comportamiento y en el modo de funcionamiento de las carnes es vano.

Las aberraciones de la carne solo pueden ser combatidas, no enmendadas, porque eso es lo que hacen los héroes.

En el curso de su existencia, los erradicadores encajarán múltiples ataques por parte de los oscuros encarnados que, son representantes del Mal. Como justa retribución, el castigo impuesto a los que hagan daño a esos elegidos será perder la razón y vivir en un delirio permanente, hasta que venga el tránsito.

Semejante sanción se produce porque el erradicador actúa como un espejo frente a sus adversarios y revierte contra ellos el peso de sus pecados, decretándoles un final correspondiente a sus faltas y desvinculándose mentalmente de lo que acontezca. El resultado es un fin desastroso para sus oponentes, a menudo marcado por una gran desgracia personal.

Ese es pues el método espiritual seguido por el erradicador para neutralizar a los enemigos que cruza durante su vida: condenas sumarísimas y desapego. Y resulta demoledor.

Siempre se refugian en el Nombre de Dios porque "sucederá que todo aquel que invoque el Nombre del Señor será salvo" [2]

HABLA EL ÁNGEL,
SOBRE CÓMO DETECTARLOS Y QUIENES PUEDEN HACERLO

La sociedad ignora todo de la existencia y de la función de los erradicadores porque nada en su apariencia les delata a ojos de los profanos.

Los grandes servidores del Mal, las almas perdidas al servicio voluntario del maligno son los únicos seres sobre la Tierra que distinguen a simple vista a los erradicadores, tanto como los erradicadores les distinguen a ellos.

Para neutralizar a esos seres malditos, que son sus peores enemigos encarnados, el erradicador entra en sus sueños y desde ahí les desactiva.

Y también entra en sus sueños para comunicar con sus aliados.

El vínculo espiritual siempre se establece de Ángel custodio a Ángel custodio.

---

[2] NOTA DEL ESCRIBA: *Joel 2, 32*

Puesto que, el común de los mortales es incapaz de detectar a los erradicadores a simple vista, este solo puede distinguirlos si domina la ciencia de los astros y tiene acceso a sus cartas natales.

Así, los que conocen la milenaria y transcendente ciencia de la astrología, saben identificar a estos elegidos ya que, en sus cartas zodiacales predomina el fuego, los planetas lentos dominan rotundamente, presentan poderosas conjunciones y llevan, además, el sello característico de Plutón y de una casa XII preponderante, ambos conectados con la misión de erradicador: el misticismo, el aislamiento, el don de sí, la mente colectiva, la transformación y la destrucción creativa.

Ningún astrólogo dudará al estudiar la carta natal de un erradicador porque en ella todas esas configuraciones serán patentes.

HABLA EL ÁNGEL,
SOBRE LOS OTROS PURIFICADORES

El Altísimo ha puesto al servicio de la humanidad tres tipos de purificadores o liberadores del Mal que actúan a escala individual: los orantes, los exorcistas y las comedoras de pecados.

Y, en su inmensa bondad, también ha previsto una clase de liberador al servicio del planeta, los erradicadores.

Ya que, todo tiende al equilibrio, en cada universo hay almas capaces de limpiar espiritualmente, de redimir y de tragar los pecados personales y colectivos, transmutándolos en pura Luz.

El Eterno ha confiado el trabajo de purificación más próximo al ser humano a las comunidades religiosas que se consagran a la oración con el fin de limpiar las auras de la colectividad.

Después, también a escala individual, a los exorcistas que expulsan a los demonios. Son estos los únicos purificadores que luchan cara a cara con el maligno.

En fin, a las comedoras de pecados, que los absorben para liberar a las almas de esa carga.

Son estas las sacerdotisas que aligeran las culpas de sus congéneres sin contrapartida alguna, pero, cuando el volumen de pecados sobrepasa sus capacidades purificadoras, viene la destrucción.

Acontece primero la destrucción física de la comedora de pecados y tiempo después, la destrucción del pecador.

Los purificadores se entregan voluntariamente a ese sacerdocio que implica el sacrificio de sus vidas a cambio de finalizar rápida y gloriosamente su recorrido espiritual después de haber contribuido al restablecimiento del Bien.

Contrariamente a los erradicadores, los purificadores tratan con objetivos individuales y, en muy contadas ocasiones, grupales.

Tras la liberación individual, se abre paso la liberación colectiva de la que se ocupan los erradicadores. Son estos los más cercanos a la divinidad y, espiritualmente, los más poderosos entre todos los encarnados que combaten el Mal.

Solo intervienen cuando los esfuerzos de los orantes, de los exorcistas y de las comedoras de pecados han fracasado. Su existencia debe ser mantenida en secreto y han de desempeñar su trabajo en absoluto anonimato, siguiendo un método preciso.

Pero si, a pesar de los esfuerzos continuos de sucesivas tandas de erradicadores, el Mal sigue siendo preponderante en la Tierra, viene la destrucción colectiva.

La divinidad siempre da acceso a la liberación, pero, si esta fracasa, se activa la retribución.

Este evento planetario es una condena que el Altísimo impone a una generación determinada y que decide con gran anticipación. Cuando el momento ha llegado, un único erradicador encarna con la terrible misión de acompañar y facilitar la devastación general.

Los erradicadores poseen el poder de limpiar el Mal anclado en organizaciones, en colectividades o en el planeta, pero, muy pocos son capaces de eliminarlo a escala de sus sistemas solares o galaxias.

Estos últimos son seres singulares que corresponden poco o nada al perfil de una persona corriente y que se mantienen inaccesibles al resto de los humanos. Encarnan muy de tanto en tanto y su existencia pasa *completamente desapercibida al vivir como ermitaños o en voluntaria reclusión.*

Todos los erradicadores recuerdan pasadas reencarnaciones como orantes, comedoras de pecados y exorcistas, teniendo vívidas memorias de ello, porque, las existencias como purificadores preceden siempre a la encarnación final como erradicador.

A lo largo de su vida, el erradicador escucha la voz del Ángel que le guía, aunque, solo habrá llegado a la cima de su arte cuando cese de escuchar por haberse fusionado con la divinidad.

ACLARA EL ESCRIBA

La historia de América Central recoge parcialmente la existencia de las sacerdotisas de la diosa capaz de comer los pecados, sobre todo los de la carne.

Esta deidad atendía una necesidad inherente al ser humano que, es susceptible de autodestruirse al no poder soportar la culpabilidad que deriva de sus transgresiones.

Con los siglos, esta función se ha transformado en el sacramento de la confesión, presente en algunas religiones.

En el mundo cristiano, son los sacerdotes confesores

quienes desempeñan esa tarea. Ellos escuchan los pecados y otorgan la absolución, en virtud de su ministerio y en nombre de Dios, mediante la imposición de una penitencia, la mayor parte de las veces en forma de oraciones.

Sin embargo, en la antigüedad, la realidad era mucho más compleja, sofisticada y cruel.

En ciertos cultos ancestrales, existían otras sacerdotisas encargadas de la eliminación de todos los pecados y no solo los de la carne. No había entonces una connotación de perdón, pero sí de alivio de cargas.

En puridad, la función era ejercida exclusivamente por mujeres y era preciso que este sacerdocio en particular fuera desempeñado por ellas porque son las que dan la vida y, por ende, las que pueden dar la paz.

Eran las sacerdotisas comepecados que trabajaban en el templo de la diosa, acostadas sobre un altar, donde se tendían desde el mismo momento de su consagración que, tenía lugar durante la adolescencia. Allí acudían los pecadores a revelar sus pecados, quedando así transferidos y liberados.

El templo de las comedoras de pecados estaba abierto a todos. La rutina de recibir a los pecadores para absorber el lado oscuro de la naturaleza humana continuaba día tras día, sin que las sacerdotisas se movieran del altar durante las horas de culto.

Este sacerdocio era singular porque, a medida que avanzaban los años de servicio de la comedora de pecados, se iba formando un revestimiento alrededor de su cuerpo, como un capullo vegetal, lo que evidenciaba que retenía la suciedad de las transgresiones que le eran confiadas, que ello consumía su energía y la reconcomía por dentro.

El capullo se espesaba mientras iba agotándose su soporte físico. Llegada a ese punto en su evolución, su aspecto ya no era el de un ser humano al haber quedado su cuerpo totalmente oculto por un amasijo de pequeñas ramas. Su apariencia era parecida a la de una gran crisálida.

Físicamente, quedaba irremediablemente gastada poco después de los treinta años. Una vez consumida su vitalidad, la sacerdotisa era remplazada, sin interrupción, por una suplente que pasaba a ocupar su lugar e iniciaba inmediatamente el mismo ministerio.

Esos sacerdocios eran voluntarios, nunca impuestos, y habían de ser merecidos, lo que implicaba pasar por un largo proceso de selección antes de ser elegidas.

Las sacerdotisas eran conscientes de que una vida como comepecados constituía un sacrificio asumible para acumular grandes beneficios espirituales y merecer mejores reencarnaciones.

La misión de las comedoras de pecados era esencial porque, para la preservación del mundo, es igualmente necesaria cierta forma de equilibrio entre el Bien y el Mal a pequeña escala, que en este caso es individual. Es el ciclo de la vida y así está organizado el universo. Ello implica reciclar y transmutar los pecados en pura Luz y, en esa operación, las comepecados actuaban como un crisol.

Por ende, conviene subrayar que, en el caso de los purificadores, el don de sí en aras del Bien es ineludible como modo de evitar las nefastas consecuencias del Mal imperante ya que, este acelera la destrucción de los mundos.

Así pues, las misiones confiadas a los orantes, a los exorcistas, a las comedoras de pecados y, en fin, a los erradicadores son las más difíciles, las más arduas y duras por estar siempre en contacto con el lado aterrador de lo visible y de lo invisible. De modo que, no pueden ser confiadas más que a seres espiritualmente avanzados.

Y en lo que respecta a la misión de erradicador, el Eterno solo inviste con tamaña carga a aquel que está próximo al final de la rueda de reencarnaciones, esto es, cercano a la perfección y en simbiosis con la divinidad al haber realizado completamente su destino.

¿de qué le sirve a un hombre ganar el mundo entero y perder su alma?

MATEO 16, 26
MARCOS 8, 36
LUCAS 9, 25

15 *Que se aparte del mal y haga el bien; que busque la paz y la siga.*

PROVERBIOS 4

2

LA HUMANIDAD Y LA TIERRA

5 Y el Señor vio que era mucha la maldad de los hombres en la tierra, y que toda intención de los pensamientos de su corazón era solo hacer - siempre - el mal.
GÉNESIS 6

21 la intención del corazón del hombre es mala desde su juventud
GÉNESIS 8

16 Yo he creado al destructor para aniquilar.
ISAÍAS 54

HABLA EL ÁNGEL

Viendo que la maldad impera en la Tierra, el Ángel escucha al Eterno y su alma estalla y proclama que una destrucción masiva se impone porque la iniquidad es mucha.

Así, el Mal pervierte a la Tierra y acabará por destruirla salvo si el Eterno, en su infinita misericordia, decreta in extremis lo contrario.

El Mal que destruye la Tierra es producido solo en parte por los poderosos que explotan e incluso deciman a la población. El Mal procede, ante todo, de la pútrida naturaleza humana que daña el alma del planeta y contra la que este deberá defenderse tarde o temprano.

La humanidad es un engendro, un aborto de raza que debería haber sido superior. Es una decepción para el Eterno. Su misión colectiva era transcender la maldad inherente a la materia, pero ha fracasado.

Por ello, los humanos no merecen la protección de Dios. Se han transformado en una plaga, el cáncer de la Tierra, y como tal, deben ser tratados.

El Mal domina en el mundo porque la raza humana es una raza diabólica que sirve a su príncipe, el maligno, y por ello los hombres que prosperan son los que se consagran al Mal no contrariando así su naturaleza profunda. Son aquellos que poseen el instinto del cazador, los de imponen la ciega ley del más fuerte.

Cuanto más arriba ha llegado el humano en la pirámide de poder, más depravación hay en su vida.

Que los humanos rehúsen identificar el origen de los problemas del mundo atribuyéndolo a factores externos a ellos mismos es revelador de su bajeza. Culpan a todo y a todos, mientras defienden su pretendida inocencia. Rechazar su parte de responsabilidad es signo inconfundible de la falta de lucidez y de coraje de su raza.

En su enajenación, culpan del caos y de los estragos sufridos a sectores enteros de la población, como los señores del dinero, los poderosos, los jerarcas de otras religiones y aun a factores desconocidos.

Ello es porque, el nivel espiritual de la raza humana es el del astral inferior, el mundo de las pesadillas, de los vicios, de las traiciones.

La raza humana es esclava de sus deseos y pasiones, lo que la hace corruptible. Son pocos los que están animados por nobles sentimientos y que tratan a sus semejantes con altruismo.

En verdad, no hay nada que proteger en la inmensa mayoría de los humanos, es preciso, más bien, que el consagrado se proteja del humano.

Esta realidad es conocida y utilizada abundantemente por la élite maligna que gobierna el planeta, que es el fondo de la hez. Para ellos, la compasión no es más que una programación mental tendente a debilitar a los que aún no se han corrompido para poder manipularles a su antojo.

En puridad, no hay inocencia en la humanidad y no existe medio de enderezarla porque se encuentra en modo de supervivencia o, en el mejor de los casos, de entretenimiento, y de ningún modo en el de consciencia con lo que, las personas, captan poco o nada del mundo espiritual.

Sin embargo, aquel que vive advertido, tiene los ojos abiertos y entiende que el problema radica en la misma naturaleza humana compuesta de materia, con su miserable codicia, mezquindad y mal fondo.

Solo hay inocencia en los niños, y, aun así, no en todos. La inocencia y la Luz que se observa en su mirada es el fractal de divinidad que todos los humanos llevan dentro, sin que haya sido contaminada aún por la vida. Es la porción de Dios.

Esta es también la inocencia de los santos que han conseguido salvaguardar a costa de enormes sacrificios y de continuos esfuerzos.

El fractal siempre está ahí, pero los humanos permiten que se oscurezca o se apague para poder subsistir en un mundo diabólico. En esas condiciones, la consciencia se nubla y la vitalidad se agota.

Las religiones no ayudan a preservarlo puesto que, son fundamentalmente mecanismos de control y de manipulación. Toman mucho más de lo que dan.

La clave para atravesar cualquier encarnación sin generar las deudas kármicas que retrasan la evolución espiritual es evitar el Mal, abstenerse de hacerlo y no implicarse con nadie.

Una gran ignorancia atenaza a la humanidad, pero, sean cuales fueran las faltas cometidas, la necesidad de retribución solo se activa cuando hay culpa, de modo que, si esta no se siente, la rectificación se producirá en otras encarnaciones.

ACLARA EL ESCRIBA

Las revelaciones del Ángel erradicador están destinadas a futuras generaciones, siempre que la humanidad sobreviva a su maldad y se salve, lo que es incierto porque el devenir es un flujo perpetuo.

La Tierra ha pasado por varias extinciones masivas. De entre ellas, se conserva en múltiples tradiciones un recuerdo preciso y documentado del diluvio universal.

Los buscadores de lo sagrado se esfuerzan en comprender el significado de ese acontecimiento por su enorme trasfondo espiritual.

El relato del diluvio se encuentra en el Libro del Génesis, el Libro de Enoc, el Popol Vuh maya, la Epopeya de Gilgamesh y, en la tradición hindú, en los Vedas y en el Mahabharata.

Este evento es descrito asimismo en otras tradiciones como la inundación de Gun-Yu en China, el diluvio de Deucalión en Grecia y en varias tribus de América del Norte y de Sudamérica.

En total, hay más de doscientos relatos sobre el diluvio procedentes de culturas de toda la Tierra.

Ante la inevitabilidad de que semejante devastación vuelva a acaecer, los consagrados han de captar imperativamente el significado oculto de la misión de Noé, una de las grandes almas que encarnó para acompañar una destrucción masiva y soportar el gran sufrimiento que semejante desastre supone.

Difícilmente puede imaginarse un mayor sacrificio. Tanto lo fue que, incluso resultó traumático para los Ángeles.

Con ese objetivo, conviene recordar los versículos del Libro de Enoc en los que se anuncia el diluvio y se precisa la misión de Noé:

1 Entonces el Altísimo, Grande y Santo habló y envió a Sariel al hijo de Lamec.
2 Y le dijo: "Ve hacia Noé y dile en mi nombre, 'escóndete'; y

revélale la consumación que viene, pues la tierra entera va a perecer, un DILUVIO está por venir sobre toda la tierra y todo lo que se encuentre sobre ella perecerá.

Capítulo 10

₁ En el decimocuarto día, del séptimo mes, del año quinientos de la vida de [Noé] Vi que un poderoso temblor sacudió el cielo de los cielos y las huestes del Más Alto, MULTITUDES DE ÁNGELES, MILES Y MILES SE VEÍAN ANGUSTIADOS POR UNA GRAN AGITACIÓN.

Capítulo 60

₁ En esos días Noé vio que la tierra estaba amenazada de ruina y que su destrucción era inminente;

Capítulo 65

₁ En esos días la palabra del Señor del universo vino a mí y Él me dijo: "Noé, tu destino ha llegado hasta mí, UN DESTINO SIN MANCHA, UN DESTINO DE AMOR Y RECTITUD.

Capítulo 67

₃ Y cuando Matusalén hubo escuchado la palabra de su padre Enoc, que le había revelado todas las cosas secretas, él regresó y la hizo conocer y le dio a este niño el nombre de Noé, pues ÉL DEBÍA CONSOLAR LA TIERRA DE TODA LA DESTRUCCIÓN.

Capítulo 107

Importa subrayar que, en estos versículos, el Eterno presenta el destino de Noé como un *"destino sin mancha, un destino de amor y rectitud"* y su misión como la de *"consolar la tierra de toda la destrucción"*. Todo lo contrario de una supuesta voluntad de aniquilación.

Tanto la noción de sufrimiento como la de compasión están ausentes de este relato, si bien, hace falta mucho amor para acompañar a sus congéneres, a los seres sensibles y a toda vida sobre la Tierra durante un exterminio masivo.

El relato versa pues sobre la destrucción reparadora ya que, el acento se pone en el hombre sin tacha que confortará a la Tierra. Es la devastación mandada por Dios para que la creación se renueve y el Bien se instale.

Ello conduce a entender que la compasión es un valor humano pero que, para Dios, cuando el momento ha llegado, no cabe reparo posible y que el verdadero mérito espiritual está en aceptarlo y aplicarse a ello.

₆ El Eterno está conmigo y no tengo miedo, ¿qué puede hacerme el hombre?

SALMO 118

15 Si alguien te ataca, no será de parte mía; quienquiera que te ataque, contra ti se estrellará.

ISAÍAS 54

3

PROTEGERSE

6 Sed firmes y valientes, no temáis ni os asustéis ante ellos, porque el Señor tu Dios es el que va contigo, no te dejará ni te desamparará.

DEUTERONOMIO *31*

3 mi Dios, la roca en que me amparo, mi escudo y fuerza de mi salvación, mi ciudadela y mi refugio, mi salvador que me salva de la violencia.

II SAMUEL *22*

7 El Eterno es bueno, fortaleza en el día de la angustia; y conoce a los que en él confían.

NAHÚM *1*

7 El Eterno te protegerá de todo mal, Él guardará tu alma.
SALMO *121*

10 El Nombre del Señor es torre fuerte, a ella corre el justo y está a salvo.
PROVERBIOS *18*

HABLA EL ÁNGEL

Los erradicadores dominan la técnica para eliminar el Mal colectivamente.

Para ello, trabajan el ASTRAL *de los grupos y sociedades humanas y aprenden que están solos en el universo, que no hay nada fuera de ellos mismos y que, del mismo modo que crean, destruyen.*

Viven conectados con el Infinito, la Fuente, y cuando se elevan para entrar en simbiosis, actúan proyectando hacia su objetivo un rayo rojo, como una eyección de masa coronal, que disuelve el Mal dónde se encuentra.

Para llegar a destruir el Mal de raíz, deben mantenerse aislados con el fin de que sus cuerpos sutiles no se contaminen.

Los ermitaños son grandes ejemplos para ellos por el poder mental que acumulan.

Los erradicadores tienen más facilidad para destruir el Mal globalmente en la mente de un conjunto de personas que, en la de un individuo.

La mente grupal es la suma de los pensamientos de sus miembros. Sin embargo, los individuos tienen alma en la mayoría de los casos y, por tanto, disponen de potentes protecciones, incluso aquellos que están consagrados al Mal.

El Ángel ordena de tanto en tanto una erradicación del Mal en colectivos, dejando para cuando es absolutamente inevitable la eliminación de la oscuridad alojada en los individuos tenebrosos y así protege al erradicador de la confrontación directa entre almas opuestas.

Es indispensable que, antes de proceder a la erradicación, el consagrado refuerce su propio escudo de protección. De lo contrario, puede producirse un deterioro en su vehículo físico.

El secreto está en imitar al Sol.

En lugar de colocar la armadura espiritual a cierta distancia del cuerpo, ha de colocarla justo contra el cuerpo, como si fuese una funda o revestimiento de metal. Entonces, desde fuera, a partir del aura, proyectará el rayo purificador.

Si durante la eliminación, el erradicador ha protegido correctamente su vehículo material y este no queda afectado, la destrucción del Mal alojado en el objetivo será eficaz y completa.

Sin embargo, los efectos no serán inmediatos porque, después de haber erradicado el Mal, se abre la posibilidad de enmienda para el objetivo, sea este individual o colectivo.

La expiación deja vía libre a la salvación.

En esencia, el aspecto fundamental para garantizar la protección de los erradicadores es secreto y solo a ellos se les revela. Solo ellos saben que las almas se encarnan simultáneamente en varios vehículos y conocen cómo servirse de ello.

En efecto, cada alma raíz vive varias encarnaciones simultaneas para permitirle experimentar todas las realidades elegidas y que todas contribuyan a su gran misión que sobrepasa con mucho una simple existencia.

Los erradicadores se encarnan simultáneamente en humanos, planetas o estrellas. Por ello, su consciencia es tan dilatada y profunda.

Han de ser conscientes de ello y actuar como corresponde, lo que significa ser capaces de interiorizar que una vasta consciencia significa una gran soledad.

Deben recordar que son solo parcialmente humanos y armarse en consecuencia.

Este doble alojamiento en soportes tan dispares constituye la principal fuente de energía para el erradicador durante su trabajo de eliminación.

Ha de aprender, pues, a cargarse con la fuerza de su encarnación simultánea en un astro, para garantizar su protección y la eficacia de su acción.

En esa simbiosis, al aura del erradicador se expande y se refuerza, blindándose contra las agresiones.

Sólo los seres muy evolucionados pueden encarnar a la vez en cuerpos humanos y en planetas o estrellas. Ellos siempre están al corriente por haberlo vivenciado en sueños.

La consciencia es la misma, aunque, más pronunciada y solitaria en el caso de los astros. Si bien, la experiencia es totalmente distinta.

Durante la vida humana, si la persona ha de enfrentarse a lo incomprensible, como es el trabajo de erradicador del Mal, debe saber que ello obedece a la misión de su alma raíz que le sobrepasa.

Inevitablemente, mientras los erradicadores humanos estén integrados en la vida activa, se verán confrontados a la corrupción y al poder contra los que deberán luchar. Hacerlo formará parte de su entrenamiento.

Sin embargo, y a pesar de la dificultad de la prueba, erradicar el Mal dónde esté aposentado es una forma de limpieza espiritual para el erradicador. Transmutándolo, prosigue su vía hacia la iluminación.

Esa es la senda: Borrar el Mal para que se haga la Luz porque, de lo contrario, el Mal se alimentará de la Luz.

Y después de cada eliminación, el erradicador ha de entrar en sí para restituir la ingente cantidad de energía que ha perdido y controlar el abundante volumen de Luz pura que ha adquirido.

Así, para centrarse y asentarse de nuevo, debe tomar tierra, esto es, volver a la materia utilizando su cuerpo. Para ello debe respirar, beber, caminar o comer.

Cualquier actividad física que le enganche a su soporte biológico será suficiente para que se realineen sus centros de energía y se restauren.

8 No les tengas miedo, que contigo estoy yo para salvarte, declara el Señor.

JEREMÍAS 1

9 Entonces extendió el Señor su mano y tocó mi boca. Y el Señor me dijo: "Mira que he puesto mis palabras en tu boca. 10 Desde hoy mismo te doy autoridad sobre las gentes y sobre los reinos para extirpar y destruir, para perder y derrocar, para reconstruir y plantar."

JEREMÍAS 1

4

ERRADICAR

2 y cuando el Señor tu Dios los haya entregado delante de ti, y los hayas derrotado, los destruirás por completo. No harás alianza con ellos ni te apiadarás de ellos.
DEUTERONOMIO 7

4 Herirá al hombre cruel con la vara de su boca, con el soplo de sus labios matará al malvado
ISAÍAS 11

9 He aquí, el día del Señor viene, cruel, con furia y ardiente ira, para convertir en desolación la tierra y exterminar de ella a sus pecadores.
ISAÍAS 13

HABLA EL ÁNGEL

El erradicador aprende que el auténtico secreto es que, lo que desea desde su vehículo humano, se lo hace a sí mismo.

Si lo que desea es el Mal, que es negatividad pura, ésta permanece dentro de la burbuja de sus protecciones energéticas, con lo que, le afecta de vuelta. Lo mismo sucede cuando desea el Bien, pero positivamente.

Así, para activar la justicia retributiva, es preciso experimentar una HONDA pena, tristeza y decepción por los daños producidos por el Mal en cada caso. Sin rencor, sin negatividad.

Ello pone en marcha automáticamente la retribución.

Tanto la creación como la destrucción se activan mediante emociones y pensamientos que se transforman en sentimientos y se materializan. Este aspecto es de gran importancia y hay que tenerlo presente.

Si se desea mal a otro INTENSAMENTE, como un acto reflejo en reacción a lo que se encajó, la negatividad vuelve sin poderlo evitar, porque la vibración se ha mantenido alta, especialmente alrededor de los centros energéticos.

Por ello, antes de suprimir el Mal, el erradicador debe

PROCEDER *A UN DESCENSO DE SU VIBRACIÓN INTERNA, A ESTABLECER UNA OQUEDAD, experimentando una profunda tristeza.*

Al SENTIR *el daño que ha sido causado y al lanzar desde ese punto la retribución, se produce la erradicación y se alcanza el objetivo de eliminar el Mal.*

Por tanto, el secreto para activar la justicia retributiva radica en experimentar el sentimiento adecuado y proyectarlo lejos del aura que, siempre actúa como una cápsula protectora.

También conviene evitar cuidadosamente el efecto de rebote.

La pena, la tristeza y la decepción hondamente vividas ponen en marcha un mecanismo de rectificación que es imparable.

Aunque, para poder materializar la justa retribución, es imperativo no enfadarse, porque dejarse invadir por la ira bloquea la magia de la manifestación.

En realidad, el erradicador ha de sincronizarse energéticamente con el planeta, lo que le hará sentir la justa indignación.

Los erradicadores encarnados son como islas y por su propio interés han de comportarse como tales porque, las almas viejas tienen una misión única y son distintas.

Es este un aspecto capital porque, su elevación espiritual hace que sean como esponjas y pueden contaminarse por ello.

La suya es una preciosa energía que no ha de malgastarse mediante el contacto con carnes y desalmados.

El aislamiento les permite no enfadarse a causa de las fallas y de los desmanes cometidos por sus congéneres. Ello protege su aura manteniéndola impoluta porque, la pureza para ellos es vital.

El Ángel demanda de los erradicadores que estén desconectados de los malignos y que sean duros y exigentes consigo mismos.

No cabe convocar la justicia divina y obtener la justa retribución si, cuando se obtiene, no se siente la correspondiente alegría por la victoria del Bien.

Así pues, cuando el erradicador experimenta compasión o pesar por la suerte de los oscuros no es apto para conectar con el Ángel, lo que le impide cumplir su misión.

Solo el Bien cuenta. Por ello, no puede haber sintonía con los caídos, esto es esencial.

Cada consagrado ha pasado vidas y más vidas luchando contra el Mal y, durante su encarnación como erradicador, dedica largos años al entrenamiento adecuado para eliminar apegos y deseos.

Una vez llegado a ese nivel de evolución espiritual, es preciso que consolide lo logrado impidiendo que los fallos de la naturaleza humana reaparezcan.

El erradicador consumado mira al mundo de lejos, sin apegos ni arrepentimiento, para limpiar el Mal de la Tierra, en la que tanto hay que purificar.

Los erradicadores no son de este mundo. Esto deben tenerlo muy presente y que no se preste a confusión. Ello exige luchar sin cuartel contra sus tendencias humanas.

A veces, han de acometer la purificación de individuos tenebrosos, los líderes luciferinos y satanistas que son los receptáculos del Mal. Y, ciertamente, si las masas sufren, es en parte debido al karma generado por esos seres oscuros puesto que, los pecados individuales siempre se purgan colectivamente.

La fuerza de intervención de los erradicadores radica en el asco y el rechazo profundo que les inspiran los podridos y la corrupción. Esa suciedad les daña más que a cualquier encarnado. Para ellos es veneno.

Son absolutamente incapaces de pervertirse o de corromperse y, en ocasiones, son destruidos por su empeño en mantenerse incólumes cuando todavía están integrados en la sociedad.

Su misión en distancias cortas es actuar enérgicamente contra la corrupción, que es la manifestación más visible del Mal, porque tienen ese poder y han recibido ese encargo. También en ese empeño, han de valerse de la santa indignación.

Del mismo modo que, el diluvio tuvo por objeto renovar la Tierra, los erradicadores han de purificar espiritualmente el planeta para que mantenga su capacidad de regenerarse.

Sin embargo, ya que existen almas grupales, los erradicadores corren el riesgo de llegar a sentir pena por algunos miembros de su mismo grupo si estos, al descarriarse, atraviesan momentos de dificultad.

Esto es lo que deben evitar absolutamente porque, esas almas otrora puras, al desviarse hacia el Mal, se convierten en enemigas de Dios y al Mal no se le da tregua. Al contrario, se le transmuta en pura Luz.

Al erradicador le corresponde, pues, purificar el Mal hospedado en todas sus posibles vasijas, sin distinción, sin reparos, sin resistencia, sin piedad.

Cuando el Mal está presente, el receptáculo que lo contiene se ha transformado en algo sucio y como tal hay que limpiarlo.

Es una regla inmutable: Si el erradicador siente pena por el daño sufrido por uno de los oscuros, ha de pedir perdón al Ángel por estar regresando y por haberle decepcionado.

Así, el erradicador debe hacer acto de contrición frente al Ángel por haber utilizado indebidamente su buen corazón.

Si simpatiza con los malos, no es digno de su misión y si no se muestra fuerte en la eliminación y en la victoria subsiguiente, no es merecedor del Ángel. Al contrario, si empatiza con los tenebrosos, se contamina, se descarta y fracasa.

Además, cuando el Ángel así lo requiera, habrá de iniciar la erradicación sin tardar y sin dudarlo, aún contra aquellos que consideró como formando parte de los suyos.

Este es un planeta de castigo para la humanidad, habitado por un alma bella. Está parasitado por el Mal que prospera y al que se protege.

Por eso, las amas viejas que vienen del Bien y que tienen un sentido acendrado de la justicia, no lo pueden soportar.

Los erradicadores nacen para servir al planeta restableciendo el equilibro del Bien al transmutar el Mal en pura Luz. Son el polo opuesto a la destrucción satánica.

No son depredadores de sus semejantes, son sacerdotes o sacerdotisas del Eterno. Son justicieros espirituales.

Hay pocos erradicadores sobre la Tierra, se cuentan con los dedos de una mano.

Durante su infancia y su juventud poseen un exceso de energía solar difícil de canalizar. Entonces pueden cometer errores por padecer una acendrada sensibilidad que, en ocasiones, puede hacerles estallar literalmente.

En sus pensamientos, la condena al Mal es una constante e intuyen que nacieron para combatirlo. Luego aprenden que ello se aplica a aquellos que lo encarnan, sin conmiseración.

Puesto que no experimentan la reacción automática de odio humano hacia lo que no entienden o lo que envidian, captan la esencia de la justicia divina desde que tienen uso de razón.

Uno de sus grandes retos es recordar que, no todas las personas tienen alma ni son hijas de Dios.

La raza humana es diabólica en su materia y por ello está dejada de la mano de Dios. El pecado se paga con el infierno.

Dios existe y no se interesa por los humanos hasta que estos no se le entregan de modo exclusivo y se pliegan a su voluntad que es imperativa y no admite interpretación.

Si el erradicador no llega a aborrecer el Mal con todo su ser, sufrirá graves daños por haberse vuelto demasiado humano, vulnerable, próximo, cercano y por ello, negativo.

Así pues, ha de aislarse y protegerse de los demás para poder cumplir su misión. Ello le permite perfeccionar y documentar las técnicas de erradicación que ha canalizado para disolver el Mal en las mentes grupales.

Ciertamente, la labor del erradicador es exorcizar colectivamente a conjuntos humanos. Y como en el exorcismo individual, se trata de un rito y de un arte.

Su entrenamiento pasa por ponerse metas y fijarse plazos, vigilando su eficiencia en medio de un mundo que es un flujo constante.

A fin de poder alinearse con el espíritu y establecer la conexión con la divinidad, lo que es absolutamente indispensable para acceder a planos superiores, la comunicación con el Ángel debe intentarse únicamente cuando las funciones del cuerpo están en reposo. Solo entonces se captan sus mensajes con claridad.

Además, para convertirse en un auténtico seguidor de Dios hay que aceptar ser huérfano, incluso si se tiene madre y padre. Es preciso renunciar a las ataduras y a las raíces. Sin padres, sin idioma, sin patria. Sin pertenencia u origen.

El erradicador nace del espíritu. Solo la soledad y la contemplación importan.

El diálogo con el Ángel eleva las vibraciones del erradicador y le sitúa más cerca de su casa espiritual, que es un punto en el multiverso. Esa es su única morada.

Como línea directriz, ha de asimilar que, cuando el sistema falla, la justicia se convierte en un asunto personal. En su asunto personal porque, para eso ha encarnado.

Para ayudarle en su tarea, Dios ha dispuesto que la palabra pronunciada por el erradicador sea una orden que se cumpla. Tiene ese raro poder y ha de recordarlo.

Por ello, no ha de proferir palabras superfluas ya que su palabra es ley y en el momento de hablar, manifiesta.

Y al erradicar, anticipa.

Además, lo que escribe se transforma en una condena que se ejecuta inexorablemente por voluntad del Eterno, bendito sea.

Escribiendo, hace justicia.

35 Mía es la venganza y la retribución; a su tiempo el pie de ellos resbalará, porque el día de su calamidad está cerca, ya se apresura lo que les está preparado.
DEUTERONOMIO *32*

5 También la tierra es profanada por sus habitantes, porque traspasaron las leyes, violaron los estatutos, quebrantaron el pacto eterno.

6 Por eso, una maldición devora la tierra, y son tenidos por culpables los que habitan en ella. Por eso, son consumidos los habitantes de la tierra, y pocos hombres quedan en ella.

ISAÍAS 24

20 Ven, pueblo mío, entra en tus aposentos y cierra tras ti tus puertas; escóndete por corto tiempo hasta que pase la indignación.

21 Porque he aquí, el Señor va a salir de su lugar para castigar la iniquidad de los habitantes de la tierra, y la tierra pondrá de manifiesto su sangre derramada y no ocultará más a sus asesinados.

ISAÍAS 26

5

ANIQUILAR

8 Cada mañana he de aniquilar a todos los impíos del país, para extirpar de la ciudad del Señor a todos los agentes del Mal.
SALMOS 101

12 Porque la nación y el reino que no te sirvan, perecerán, y esas naciones serán ciertamente destruidas.
ISAÍAS 60

15 y enviaré detrás de ellos la espada hasta exterminarlos.
JEREMÍAS 9

HABLA EL ÁNGEL

Cuando el erradicador se vea obligado a demoler las protecciones espirituales de un individuo para que le sobrevenga un daño físico o, incluso, su eliminación, ha de sintonizar con la Fuente para alcanzar la correcta vibración y, antes de proceder, debe abrir orificios en su aura para que por ellos salga toda rabia o negatividad.

Esta operación se efectúa a través de las plantas de los pies, por las que sale la ira en forma de energía de color rojo sangre.

El secreto es abrir orificios exclusivamente de salida para que por ellos se expulse la cólera y se dirija, bien hacia el centro de la tierra para ser reciclada o bien, hacia el objetivo a aniquilar. En este segundo caso, el rayo purificador se proyecta conjuntamente a partir del chakra sexual y el del corazón.

Conocer y aplicar este modo de proceder es esencial porque, de lo contrario, la cólera queda alojada en el aura del erradicador y el rayo no puede salir con suficiente fuerza. Si eso ocurre, rebotará contra el aura del malvado porque, las auras son escudos resistentes.

Importa, pues, evitar el choque de retorno y comprender cómo funciona la magia para hacer justicia.

Estas son las etapas que sigue el erradicador para aniquilar, mediante el pensamiento, a un servidor del Mal:

1   *Después de purificarse mediante abluciones o un baño con sal, se tiende en la cama o en una superficie plana con la piel impoluta, sin haber añadido cremas o perfume.*

2   *Entonces, visualiza claramente el objetivo a eliminar y proyecta hacia él desde su segundo y cuarto chakras* UN RAYO DENSO Y NEGRO PARA QUE LE GOLPEE EN EL PLEXO SOLAR.

INMEDIATAMENTE DESPUÉS, SUBIENDO Y BAJANDO EN VERTICAL, ROMPE TODOS SUS CHAKRAS.

Así, la mente del erradicador recorre repetidas veces de abajo a arriba y de arriba a abajo la línea de los centros energéticos del objetivo a abatir, hasta dejarlos todos carbonizados.

3   *Luego, utilizando el mismo rayo, procede a crear un huevo invertido de energía densa y negra con el que rodea al adversario y en el que este se ahoga.*

La energía de destrucción se concentra en el huevo que queda encajado en su aura y actúa aprisionando al enemigo, sin dejarle escapatoria.

El efecto es comparable al de asfixiarse dentro de una caja fuerte.

Cuanto más fija mantenga su atención el erradicador en este procedimiento, sin distracciones a lo largo de toda la operación, más rápido será aniquilado el objetivo.

La concentración debe ser máxima, tanto como la pureza y la humildad del operario de la Luz.

Y nunca puede perder de vista que no es más que un instrumento del Eterno y que lo que consigue solo lo obtiene por voluntad de Dios.

Una vez terminada la intervención, el erradicador se purifica orando, agradeciendo y encomendándose al Altísimo y limpiando la energía negativa residual.

Asimismo, ha de tomar tierra mediante alguna actividad propia del cuerpo físico porque, de lo contrario, la potencia de la Luz con que la que ha estado en contacto, podría perjudicar a su envoltorio material.

ACLARA EL ESCRIBA

Para que el erradicador ejerza satisfactoriamente su función es preciso que aborrezca el Mal y a los malos con todo su ser y que sea capaz de cortar por lo sano toda interacción humana cuando sea necesario. Las dudas en su nivel de evolución no son admisibles.

Es preferible que se abra a los mensajes del Ángel por la noche, incluso durante el sueño, y es indispensable que esté en soledad y absoluto silencio. Entonces captará sus instrucciones que seguirá sin demora y al detalle.

La técnica de aniquilación que utiliza el erradicador podría recordar a la maldición cabalística Pulsa Denura, también llamada *"látigos de fuego"* porque, ambos tratan de apelar directamente a la justicia divina, cuando la humana ha fallado. Hay sin embargo importantes diferencias entre ellas.

La primera estriba en el modo de proceder. Para ejecutar la Pulsa Denura, se necesitan al menos 10 rabinos rezando a Dios al unísono durante un ritual muy específico que se lleva a cabo en un cementerio sobre la tumba de un justo. Mientras que, en el caso del erradicador, un único consagrado basta y ello, con el concurso exclusivo de su mente y sin ceremonia alguna.

Además, en la Pulsa Denura los oficiantes deberán ser todos hombres de más de cuarenta años y con hijos, mientras que, para erradicar solo se precisa un elegido, hombre o mujer, plenamente dedicado a Dios, sin importar ni su edad ni sus circunstancias personales. Solo cuentan la pureza de su espíritu y la integridad de su corazón.

Otra diferencia mayor entre la Pulsa Denura y la erradicación es la intención última. La Pulsa Denura tiene por finalidad lanzar una maldición de muerte contra un individuo solicitando la intervención de los Ángeles de la destrucción. Por su parte, el erradicador se limita a extraer el Mal del objetivo que le ha sido asignado, sin desearle la muerte, incluso si esta ha de acontecer. Así pues, la Pulsa Denura, es una maldición que se pronuncia por decisión humana, pero, la erradicación se activa por designo celestial y tras mandato del Ángel con la única voluntad de restablecer el Bien.

Los rabinos son la parte activa en la Pulsa Denura, mientras que, el papel del erradicador es pasivo al no ser más que un instrumento de Dios.

En fin, si los Ángeles de la destrucción no consideran justificada la maldición de muerte de la Pulsa Denura, esta revierte sobre los oficiantes para abatirse sobre alguno o todos los rabinos, mientras que, el objetivo designado salva la vida. Este problema no se le plantea al erradicador quién, al seguir las instrucciones del Ángel y emitir únicamente pura Luz, no sufre consecuencia alguna por limitarse a obedecer a la voluntad divina.

La erradicación no trata ni de venganza ni de sanción, sino de la restauración del Bien para salvaguardar al mundo. Entre todos los métodos de eliminación del Mal, solo puede compararse al practicado por los sabios Kahuna de Hawái ya que, en ambos casos, la acción se concentra en desintegrar el Mal para transformarlo en pura Luz.

20 *Mas, oh Señor de los ejércitos, que juzgas rectamente, que examinas los sentimientos y el corazón, vea yo tu venganza contra ellos, porque a ti he expuesto mi causa.*

JEREMÍAS 11

17 *Ningún arma forjada contra ti tendrá éxito, e impugnarás a toda lengua que se levante a juicio contigo. Tal será la heredad de los siervos del Eterno y las victorias que alcanzarán por mí, dice el Señor.*

ISAÍAS 54

6

ORAR

1 Oye, oh SEÑOR, una causa justa; atiende a mi clamor; presta oído a mi oración, que no es de labios engañosos.
SALMO 17

18 El Señor cerca de todos los que le invocan, de todos los que le invocan en verdad.
SALMO 145

3 Clama a mí y te responderé, y te revelaré cosas grandes y ocultas que tú no conoces.
JEREMÍAS 33

29 Lejos está el Señor de los impíos, pero escucha la oración de los justos.

PROVERBIOS *15*

HABLA EL ÁNGEL

La oración es la conversación con Dios y es, por tanto, la vía puesta a disposición de la humanidad para conectar con el Eterno.

Cuando las personas rezan, suelen apoyarse en gestos, objetos y palabras con el fin de aumentar la concentración. Sin embargo, los erradicadores saben que todo lo material es superfluo porque la única forma de orar que resulta grata al Eterno es la que parte desde lo más recóndito del corazón, sintiendo por Dios amor y gratitud, con la íntima convicción de que lo solicitado ya ha sido concedido.

Para poder manifestar es, pues, esencial saber que lo que se desea ya se ha materializado. Por ello, el sentimiento de gratitud que se dirige al Eterno antes de recibir es justo, porque en el momento de pensar, ya se ha manifestado.

Ese modo de rezar elimina el tiempo y la dualidad. El tiempo como variable es un estorbo. Solo existe el presente.

La contemplación es pensamiento puro acompañado por una intensa emoción y sentimiento de unión con Dios. En ella no hay palabras, se trasciende el cuerpo, el tiempo y el espacio. Lo que se piensa, sintiendo al mismo tiempo una fuerte emoción, es lo que se manifiesta o se atrae.

Siempre se está en presencia de Dios. Su aparente ausencia es presencia. Este es el fundamento del misterio y el silencio es el lenguaje del Eterno.

Hay, sin embargo, otras formas de rezar que permiten a algunos CONSAGRADOS, QUE NO SON ERRADICADORES, *entablar un diálogo con la divinidad, a veces en tono conminatorio y urgente cuando el asunto del que se trata no admite dilación y es profundamente perjudicial.*

La primera de estas formas de oración se utiliza para solicitar la intervención de la justicia divina. Se recurre a ella cuando el castigo al culpable es visto como la única salida para resolver una situación que aflige a terceros con sufrimientos insoportables. Se trata de una petición que se dirige al Eterno sin presuponer el resultado y para ello, se enumeran las ofensas cometidas por la persona o grupo en cuestión, pidiendo que le alcance la justicia divina y que le impacte su merecida sanción.

Si el Altísimo escucha esa plegaria, en ese mismo momento se abatirá su brazo justiciero.

Con la intención opuesta, se acude a una segunda forma de diálogo con la divinidad para solicitar la gracia divina, que no el castigo, en favor de un tercero. Es un recurso para solventar casos desesperados como una enfermedad terminal o la esterilidad contra las que se solicita la gracia de la curación.

Para obtener estos favores extraordinarios, el consagrado que formula la petición ha de articular su rezo exponiéndole el problema a Dios con detalle, intensidad y repitiendo varias veces su plegaria.

En ese tipo de ruego, el orante implora reiteradamente al Eterno que otorgue el auxilio solicitado, en virtud de su infinita bondad, repitiendo a menudo la oración suplicatoria.

Una vez finalizados los rezos, el recogimiento que sigue a las sesiones de oración es indispensable para que se restablezca el silencio interior, que es fuente de regeneración física y espiritual.

Tanto los erradicadores como los demás consagrados han de rezar, rezar y rezar hasta no tener más fuerzas, con el propósito de ayudar a Dios, de buscarle y encontrarle, y así hasta el momento del tránsito. Ello da presencia al Eterno sobre el plano material.

La consagración establece definitivamente el vínculo con el Altísimo. En el momento en que se produce, no es más que un voto, un compromiso personal que siempre se pronuncia en solitario.

Entonces, la persona decreta que, desde ese mismo día, renuncia al mundo y no estará disponible para nada y para nadie, sino solo para Dios. Su precedente apertura a la sociedad, a los acontecimientos y a los demás, queda clausurada y olvidada.

El consagrado sabe que, hasta ese momento, se ha alejado de lo esencial entregándose a su circunstancia y al prójimo durante años. Por ello, decide que el tiempo ha llegado de volver a Dios. Desde ese preciso instante, su mirada se centra en su luz interior, deja de prestar atención a todo lo que le rodea y su entorno se desdibuja. Con ello, adquiere cierto resplandor que se traduce en una difusa luminosidad que le rodea.

Y a menudo, no volverá a desplazarse ya que, no hay nada fuera de sí. En verdad, no hay nada que buscar en otra parte. Dios es la única vía de acceso.

Con la convicción de que Dios está instalado en su corazón, todo lo que hace el consagrado, lo hace por amor al Eterno.

El alma del erradicador posee, además, el carisma de la verdad. Es inaccesible y misteriosa. Está tenazmente vinculada a Dios, pero, no practica ninguna religión sabiendo que el dogma es una creación humana y es, por tanto, siempre imperfecto.

En su caso, solo la entrega total al Eterno es admisible.

La raza de los que buscan a Dios desprecia la popularidad y la amistad del prójimo. Lo que desean sus integrantes es el amor absoluto del Eterno con total devoción. Esto excluye prácticamente todo y a todos y es, sin duda, lo mejor para ellos.

El amor a Dios es pura intensidad y lealtad ciega a lo imperativo. El consagrado pierde la conciencia en Dios y eso es lo que el Eterno desea. El humano se difumina y solo el Altísimo existe.

Dios es paz, por eso los erradicadores desean la paz como felicidad última en sus vidas. Dios también es amor, aunque, la máxima expresión del amor es la paz.

El erradicador se niega a sí mismo para encontrar al Eterno y los que confían en el Altísimo no confían en nada más.

El pecado no es perdonado y aún menos con una simple confesión. Todo acto tiene consecuencias en el Cielo. Fuera de Dios solo existe el infierno.

Cuando se busca a Dios, no importan las pérdidas ni los que han quedado rezagados en el camino, no caben arreglos, expectativas o exigencias. La palabra compromiso no existe. Dios no transige ni negocia, el buscador de lo sagrado tampoco.

El consagrado sabe que Dios solo se interesa por los que se le entregan totalmente y solo el que tiene a Dios en mente sin cesar puede esperar acceder a Él con sus oraciones. Su amor se ha de ganar duramente porque los humanos le han decepcionado.

Sin embargo, Dios escucha las oraciones de los santos. Eso es lo que les distingue de los demás consagrados y lo que causa los prodigios porque, con ellos, las leyes de la física no se aplican.

Un santo vive inmerso en sus visiones que es incapaz de explicar a sus congéneres. Está animado por una fe tan sólida que le hace creer únicamente en el poder de Dios y no en el de los seres humanos y sabe que los milagros son las flores que Dios le ofrece.

13 Me buscarán y me encontrarán, cuando me busquen de todo corazón.
JEREMÍAS 29

4 *porque el Señor vuestro Dios es el que va con vosotros, para pelear por vosotros contra vuestros enemigos, para salvaros.*

DEUTERONOMIO 20

7

BATALLA DE ÁNGELES

7 Entonces se entabló una batalla en el cielo: Miguel y sus Angeles combatieron con el Dragón. También el Dragón y sus Angeles combatieron,
8 pero no prevalecieron y no hubo ya en el cielo lugar para ellos.
9 Y fue arrojado el gran Dragón, la Serpiente antigua, el llamado Diablo y Satanás, el seductor del mundo entero; fue arrojado a la tierra y sus Ángeles fueron arrojados con él.
APOCALIPSIS 12

1 Luego vi a un Ángel que bajaba del cielo y tenía en su mano la llave del Abismo y una gran cadena.
2 Dominó al Dragon, la Serpiente antigua - que es el Diablo y Satanás - y lo encadenó por mil años.
3 Lo arrojó al Abismo, lo encerró y puso encima los sellos, para que no seduzca más a las naciones hasta que se cumplan los mil años.

Después tiene que ser soltado por poco tiempo.

---

7 Cuando se terminen los mil años, será Satanás soltado de su prisión 8 y saldrá a seducir a las naciones de los cuatro extremos de la tierra, a Gog y a Magog, y a reunirlos para la guerra, numerosos como la arena del mar.

APOCALIPSIS 20

HABLA EL ÁNGEL

Todos los purificadores, sean orantes, exorcistas, comedoras de pecados o erradicadores, saben que en este mundo se libra una batalla permanente entre el Bien y el Mal y que los soldados de ambos ejércitos son los Ángeles.

La batalla entre los Ángeles de Luz y los Ángeles de las tinieblas es de una fiereza tal que, si el hombre común pudiera ser testigo de ella, quedaría destruido en el acto.

Los purificadores dedicados a la destrucción del Mal lo saben, lo captan e incluso lo ven, sufriendo un gran desgaste energético en los momentos álgidos de la batalla.

Hay lugares sobre la Tierra en los que esta contienda se siente físicamente. Son lugares de enorme fuerza telúrica y gran intensidad espiritual.

Todos los purificadores se elevan cuando los visitan, pero no pueden vivir en ellos porque enferman irremediablemente al vaciarse de su energía por estar contribuyendo constantemente a la lucha del lado del Bien.

Oponerse al Mal sin tregua genera una gran fatiga. Aunque sea extrema, el remedio es encomendarse a Dios porque todo es espíritu y todo depende del Eterno, y la lucha en las esferas entre el Bien y el Mal es terrible.

Es la batalla de los Ángeles, eterna e insoluble. Uno de los mayores misterios y secretos.

Otro de los grandes secretos es que los Ángeles Custodios de los purificadores necesitan que sus protegidos cumplan con su misión para seguir vivos. Se nutren de la Luz que emanan, tanto como los oscuros se nutren de las bajas vibraciones y los malos sentimientos de los tenebrosos.

Los purificadores viven en contacto con sus Ángeles, como pasarela para acceder al Eterno. Para protegerse, rezan cada día a sus Custodios, a los que Dios les ha asignado para preservarles. Ellos mantienen su vínculo con el Bien, abren sus caminos cuando los oscuros los han bloqueado e incluso hacen prodigios.

Nadie sobre este planeta está solo, al contrario. Cada ser humano tiene asignados varios Ángeles y uno de ellos es su doble. Es el que resplandece gracias a la acción justa. Si no recibe ese sustento, se debilita y sufre.

Los Ángeles custodios que actúan como dobles de los erradicadores, aparecen simbólicamente con las alas oscuras por la negrura del Mal que ha sido eliminado por estos.

La batalla abierta en los cielos entre los Ángeles del Bien y los Ángeles del Mal, de la Luz y de las Tinieblas, se desencadena también a escala individual cuando se trata de santos y de elegidos a los que los oscuros tratan de desviar y malograr espiritualmente.

Los desencarnados y los oscuros batallan encarnizadamente para apropiarse de los erradicadores con la intención de absorber su Luz porque, son auténticos generadores de energía. Esa capacidad les es indispensable para depurar auras grupales y a veces globales.

Los erradicadores conocen la persecución de los tenebrosos y saben que Dios es su único refugio.

20 *Bendecid al Señor, Ángeles suyos, héroes potentes, ejecutores de sus órdenes, en cuanto oís la voz de su palabra.*

SALMO 103

2 Entonces se le apareció el Ángel del Señor en una llama de fuego en medio de una zarza. Él observó y vio que la zarza ardía en el fuego, pero la zarza no se consumía.

ÉXODO 3

8

LOS EXORCISTAS

₁Y sucedió que un día cuando los hijos de Dios vinieron a presentarse delante del Eterno, vino también Satanás entre ellos para presentarse delante del Señor.

₂Y el Señor dijo a Satanás: ¿De dónde vienes? Entonces Satanás respondió al Eterno, y dijo: De recorrer la tierra y de andar por ella.

JOB 2

₁₁Entonces el diablo le dejó. Y he aquí que vinieron unos Ángeles y le servían.

MATEO 4

HABLA EL ÁNGEL

El maligno posee el cuerpo de aquellos cuya alma se ha corrompido, sean hombres, mujeres o niños. De aquellos que han perdido el estado de gracia y se han alejado de la Luz.

Necesita soportes vivos para andar por el mundo, por lo que entra en el cuerpo de los descarriados, de los renegados, de los que se entregan a la práctica de lo oculto y de las víctimas de maleficios.

Una vez que ha destruido a la persona que le aloja, se adueñará de otro cuerpo para seguir con sus malignidades. Su única voluntad es aniquilar al ser humano, al que odia encarnizadamente.

A causa del bajo nivel evolutivo de la inmensa mayoría de la humanidad, el maligno circula libremente sobre la Tierra y parasita fácilmente a los humanos.

Cuando se adhiere a alguien, produce una negrura en el aura de la víctima que, no se puede detectar ni reconocer, si no se está en estado de gracia.

Cada erradicador ha sido exorcista en encarnaciones precedentes, por lo que distingue perfectamente el Mal alojado en un humano, animal, cosa o lugar y también en colectivos que pueden ser muy numerosos.

ACLARA EL ESCRIBA

Es fundamental que los humanos amantes del Bien y comprometidos en la vía del crecimiento espiritual, distingan las diversas formas de posesión diabólica que son por naturaleza engañosas, correspondiendo a la esencia del maligno que es el señor de la mentira.

De modo que, entender ese fenómeno es de importancia capital para sobrevivir espiritualmente.

La posesión y la impregnación diabólica coexisten con el ser humano desde el inicio de su historia y se presentan en múltiples formas, según la tipología establecida por el padre Gabriele Amorth, exorcista del Vaticano.

TIPOS DE POSESIÓN

1. LA POSESIÓN DIABÓLICA

Es el caso mejor documentado de parasitación diabólica en los seres humanos y suele ser temporal en caso de almados. En ocasiones extremas, puede llegar a ser una posesión perfecta, esto es, solicitada por el poseído.

En la posesión que ocurre como consecuencia de un ataque del maligno, este toma el control completo del cuerpo, pero no del alma y la víctima puede ser poseída a la vez por varios espíritus desencarnados y por demonios. Estos seres inmundos están siempre ávidos de energía humana, por lo que, se superponen cuando no se ha liberado al endemoniado del primer ocupante.

El Mal es inherente a la materia y la posesión deja al descubierto su dominio temporal sobre la víctima. Este fenómeno se ha producido desde la noche de los tiempos como demuestran las pinturas rupestres que representan a chamanes conjurando al maligno en personas y animales.

Desde los albores del cristianismo, se ha distinguido entre la posesión total, que afecta a la razón, los sentidos y el comportamiento, y la posesión parcial que solo repercute en el comportamiento. En el primer caso, hay trance.

Durante el trance, la personalidad de la víctima se desvanece para dejar paso a la del demonio. Se trata de violentos ataques de limitada duración seguidos por momentos de lucidez. Por lo espectacular de esos episodios, a los endemoniados también se les denomina energúmenos.

La posesión perfecta, la que es solicitada por la persona, se sitúa dentro del tipo de posesión que solo afecta al comportamiento. Debido a que en ella no hay trance, es la más difícil de detectar.

En semejante forma de posesión, el alma ha sido dada en ofrenda al diablo, por lo que, este no desea aniquilar al poseso que se ha convertido consciente y voluntariamente en un esclavo a su servicio.

La posesión perfecta se conoce también como integración y, cuando se produce, el exorcismo es inútil. No hay nada que liberar porque el alma está definitivamente perdida, el poseído entra en simbiosis con el demonio y pasa a ser un agente del Mal. Ante eso, ningún rito ni oración tendrán el menor efecto.

La integración es, pues, permanente e invencible y la única actitud sensata frente a esos endemoniados sin síntomas aparentes de posesión, es apartarse de ellos lo más lejos posible. Son altamente peligrosos.

Así pues, es esta la peor clase de posesión diabólica, tanto para el poseso, que pierde el alma, como para la sociedad, al afectar preferentemente a los poderosos y a las personas influyentes o de alto potencial.

2. EL DOLOR FÍSICO CAUSADO POR EL MALIGNO

Es una forma de impregnación diabólica que atormenta a personas negativas y malintencionadas a las que el maligno inflige un dolor físico agudo y persistente sin que los médicos puedan identificar su origen.

De ese modo, el diablo les deja su marca, va extrayendo su energía y les tienta para que, hartos del dolor, maldigan a Dios y pierdan su alma.

En presencia de gente malévola que se queja sin parar de dolores durante años, no resulta descabellado sospechar de este tipo de impregnación.

Hay, sin embargo, un dolor físico con el que el maligno suele torturar a los santos para probarles, aunque, es transitorio y rara vez acompaña a la víctima durante largos años y, menos aún, de por vida.

3. LA OPRESIÓN DIABÓLICA

Es la manifestación diabólica más extendida y frecuente. En ella, el maligno aflige a sus víctimas con grandes angustias y ataques de furia, por lo que estas tienden a aislarse completamente.

La opresión diabólica puede impactar sobre distintos ámbitos de la vida como la salud, el trabajo o las relaciones sociales.

Asimismo, puede afectar a pueblos enteros y es fácilmente detectable en colectivos caracterizados por el supremacismo o el racismo, y en casos extremos, por los impulsos genocidas.

4. LA INFESTACIÓN DIABÓLICA

En estos casos, el demonio posee a animales, objetos o lugares para poder perjudicar no solo a una, sino a varias personas indirectamente.

Ejemplos de infestación diabólica son las casas encantadas que han quedado impregnadas por el Mal como resultado de crímenes de sangre, celebración rituales de magia negra o por haber sido construidas sobre fosas comunes. En ellas, los habitantes no están poseídos, pero sufren por la influencia del maligno, lo que puede llegar a enfermarlos gravemente. Cuando eso sucede, la única opción es mudarse.

Cualquier médium o sensitivo que entra en una casa saturada por el Mal siente inmediatamente una opresión en el pecho y en el cuello. Le es imposible permanecer en ella por mucho tiempo porque tiene la impresión de ahogarse.

5. LA SUBYUGACIÓN DIABÓLICA

Se produce cuando media un pacto con el demonio que se escribe con sangre y por el que la persona vende su alma al diablo, se somete a él y jura servirle cometiendo múltiples maldades a cambio de riquezas y poder.

A esta forma de dependencia se llega también cuando los padres consagran a Satanás el bebé que está por nacer. Esta práctica es frecuente en linajes satanistas y representa una horrenda ofrenda al maligno con una imposición brutal. Sin embargo, el alma queda intacta y la víctima podrá liberarse en el futuro, si así lo desea.

Conviene identificar la subyugación diabólica de la posesión perfecta. En esta última no hay contrato con el demonio, solo entrega total e incondicional.

6. LA OBSESIÓN DIABÓLICA

Es la que inflige el maligno privando a la víctima de sus capacidades mentales y oprimiéndola con una obsesión enfermiza hacia una persona, meta u objeto.

Esta modalidad se traduce en frecuentes ataques de pensamientos obsesivos, a menudo desprovistos de sentido o claramente demenciales, que también tienen lugar en sueños. Sin embargo, al no afectar la volición, la liberación es siempre posible tras la limpieza del aura y una cuidadosa protección espiritual.

Así pues, cuando se padecen frecuentes pesadillas, alucinaciones o ilusiones ópticas, cabe sospechar de la influencia del maligno.

Ya que, la obsesión diabólica altera tanto la vigilia como el sueño, los recursos mentales de la víctima quedan disminuidos y ello puede desembocar en depresión y, en situaciones extremas, en suicidio.

De hecho, no es raro que el suicidio sobrevenga como consecuencia de una parasitación diabólica, pudiendo ser la consecuencia de una obsesión, de una opresión o de una posesión clásica. Sin embargo, los pensamientos suicidas no suelen atormentar a los poseídos que están espiritualmente evolucionados.

Además, en la vida cotidiana, el maligno se manifiesta a través de la tentación que perturba a todos los humanos.

Tanto la tentación como las pruebas a las que el demonio somete a los santos se superan mediante la purificación y la oración.

LA VOLICIÓN

9 ¿No te lo he ordenado yo? ¡Sé fuerte y valiente! No temas ni te acobardes, porque el Señor tu Dios estará contigo dondequiera que vayas.

JOSUÉ 1

Una vez descritas las diversas formas de posesión demoníaca, conviene explicar cómo desembarazarse de ese flagelo.

Para conseguirlo, es absolutamente necesario que la persona afligida por cualquier presencia diabólica parásita participe activamente en su liberación movilizando su más férrea voluntad. Ello supone desear con todas sus fuerzas quedar completa y definitivamente liberada, porque de lo contrario, las presencias maléficas retornan.

Muchos exorcismos fracasan porque, los poseídos, infectados u obsesos, adoptan una postura pasiva, dejándose limpiar espiritualmente por los exorcistas, pero sin aplicar su volición, esperando pacientemente que el oficiante y la divinidad hagan todo el trabajo y que se opere el milagro.

Esta actitud resignada es siempre contraproducente porque, sin el concurso del endemoniado, sin su deseo ardiente de expulsar al diablo y quedar liberado, nada es posible.

Al poseído ha de hacérsele entender que el demonio le ha elegido a él o ella y que es, por tanto, responsabilidad suya expulsarle con la ayuda de Dios y del exorcista, pero sin invertir los roles.

Incluso cuando la víctima está severamente poseída, siempre pasa por momentos de lucidez que debe aprovechar para ordenar a los demonios, con la mayor determinación posible, que se vayan y la dejen en paz. Se trata de un acto de volición por el que la víctima se encomienda a Dios con todas sus fuerzas.

Si el demonio ataca es por deseo de medirse con la persona en cuestión lo que, paradójicamente, puede tener una interpretación positiva porque, ser elegido para batirse en duelo contra un adversario de tal calibre, permite acelerar la evolución espiritual siempre que se supere la prueba con éxito.

Las personas atraen las energías que emiten y aquellas con las que están en contacto. Por ello, los magos negros y los exorcistas están más expuestos a quedar poseídos o parasitados. También lo están aquellos que abren portales hacia el astral inferior mediante rituales o entrando en muy bajas vibraciones, aun inconscientemente.

Para protegerse de los ataques de los oscuros en sus diversas gradaciones, es indispensable mantenerse en estado de gracia y proteger el aura.

Con este fin, conviene captar la energía blanca brillante de la Luz de Dios a través del chakra corona y soltar por las plantas de los pies la energía gris que ha sido contaminada por el cuerpo. Es así porque, la cabeza tiene polaridad positiva y los pies, negativa. Esta operación debe realizarse rápidamente, en segundos, y luego cerrar el aura pegándola al cuerpo como si fuera un traje de buzo, como una segunda piel. Ello procura una protección eficaz e impedirá que el ataque prospere.

Los poseídos tienden a ser considerados como *"dejados de la mano de Dios",* aunque en puridad, toda posesión es tolerada, aun inconscientemente.

Para que se produzca la posesión es preciso sentirse atraído por el maligno para retarle, o más a menudo, por el poder en estado puro que representa y el placer que procura ejercerlo. Pero, si se le opone resistencia, el demonio no puede alojarse en el cuerpo ya que, Dios siempre está presente. Esta es la razón por la que, el diablo considera al humano como una amenaza.

En efecto, para llegar a estar poseído, en cierto momento la víctima ha de quedar fascinada por el maligno o desear ocultamente sus dones, aun por dolorismo religioso.

La posesión sobreviene, pues, por la seducción que ejerce el lado tenebroso y puede caerse en ella mediante actividades aparentemente lúdicas, como la ouija, que es muy peligrosa por abrir portales, tanto como el espiritismo, la escritura automática o los amigos imaginarios. También por la frecuentación de ambientes luciferinos o satánicos o por la convivencia con personas parasitadas.

A veces, los humanos son manipulados por fuerzas maléficas que les sobrepasan sin que lleguen a percatarse de ello porque, los demonios, que otras culturas denominan arcontes o voladores, tienen la capacidad de inducir pensamientos, entrar en los sueños y torcer la propia naturaleza.

Hay que tener muy presente que, los tenebrosos absorben siempre la energía del ser humano. Su Luz. Para impedirles el paso, es preciso permanecer en estado de gracia y apoyarse en la fe y en la oración.

SIGNOS DE PRESENCIA DIABÓLICA Y DE POSESIÓN

28 *¡Se deshace mi alma de ansiedad, susténtame según tu palabra!*
SALMO 119

5 El Eterno es tu guardián, tu sombra, el Señor, a tu diestra.
6 De día el sol no te hará daño, ni la luna de noche.
7 El Eterno te protegerá de todo mal, él guardará tu alma;
8 El Señor guarda tus salidas y entradas, desde ahora y por siempre.

SALMO 121

Puede sospecharse la presencia del maligno si, alrededor de un lugar, se agrupan repetidamente varios cuervos, que son los mensajeros del demonio. Tanto como si se acumulan otros animales que le representan, como los sapos, las ratas, las serpientes, las cucarachas o las mulas.

Algunos sensitivos detectan la presencia maléfica a través de los sonidos demoníacos que son de baja frecuencia y se escuchan como un rumor sordo. Sin embargo, el tañer de las campanas los ahuyenta.

Cuando el Mal se ha instalado en una localidad o país, los demonios alteran el orden natural y provocan comportamientos extraños en los animales, desarreglos climáticos y conductas violentas en los humanos.

El signo más frecuente de una posesión sin trance es el rechazo a los objetos sagrados, como biblias, crucifijos, rosarios, imágenes santas o agua bendita. También a entrar en un lugar santo y a las personas consagradas, a la música sacra, rezos y oraciones.

A menudo, el poseso se aparta de la vida social y, en muy contadas ocasiones puede reconocérsele porque le tiembla un miembro del cuerpo, sin padecer enfermedad que lo justifique.

Los poseídos, pueden presentar, asimismo, bultos de grasa bajo la piel, en su mayor parte, linfomas en la cabeza.

Rasgos característicos de posesión, con o sin trance, son escuchar voces y adivinar lo inescrutable. El demonio es un espíritu puro, por lo que conoce los pecados de cada humano. De modo que, un método rápido para determinar si hay posesión es preguntarle al afectado por lo ignoto.

Además, como indica el Rituale Romanum de 1614, durante el exorcismo, el poseso muestra una fuerza descomunal y suele expresarse en idiomas que no domina y que son a menudo lenguas muertas. Según los exorcistas, en muy raras ocasiones, levitan.

La transformación física del poseso durante el trance es drástica: Se comporta como una furia, hace muecas, suele tener el rostro deformado, emite voces extrañas, habla sacando la lengua, maldice, llora, escupe, puede tener espuma en la boca y los labios amoratados, le tiembla el cuerpo y siempre muestra una gran aversión a todo lo santo y a los consagrados. Puesto que, semejantes actitudes pueden observarse asimismo en graves afecciones psiquiátricas, antes de realizar el exorcismo, es imperativo descartar un posible origen médico de estas manifestaciones.

En cualquier caso, es de suma importancia tener presente que las semillas del Mal las planta el ser humano y que solo él abre la puerta al maligno.

EL EXORCISTA Y EL EXORCISMO

31 Y le suplicaban los demonios: "Si nos echas, mándanos a esa piara de puercos."
MATEO 8

24 Cuando el espíritu inmundo sale del hombre, anda vagando por lugares áridos, en busca de reposo y, al no encontrarlo, dice: "Volveré a mi casa, de donde salí."
LUCAS 11

19 Muchas son las aflicciones del justo, pero de todas ellas le librará el Eterno.
SALMO 34

Adjure te, spiritus nequissime, per Deum omnipotentem.
RITUALE ROMANUM

Aceptar y desempeñar la misión de exorcista supone un sacrificio encomiable porque no es posible frotarse con el demonio impunemente. Siempre se paga un alto precio.

El camino del exorcista está lleno de dificultades, aunque, cuenta con la bendición de Dios. Es la suya una encarnación de abnegación y entrega.

Los exorcistas han de ser personas de gran pureza espiritual y material, de probada modestia y dotados de una fe inquebrantable. Y deben ser, además, muy valientes.

Para realizar un exorcismo, han de poseer igualmente una gran fuerza interior. La fuerza que da la fe.

Ellos afirman que, si se tiene fe, la fe transforma, se funde con la persona y esta se convierte por completo en FE. Es entonces cuando se vuelve invencible.

También explican que solo se consagran a ese ministerio los que no tienen demasiado que perder.

El exorcismo agota espiritualmente y el exorcista pierde un poco de sí mismo en cada rito ya que ese ritual implica luchar de frente contra el Mal con armas desiguales.

Se trata de una batalla cuerpo a cuerpo que choca con las fuertes protecciones espirituales que poseen los individuos almados parasitados por el maligno.

Lo mismo se aplica a los que se han situado voluntariamente en el lado oscuro, cuyas protecciones espirituales son igualmente poderosas, pero de un nivel vibratorio más denso.

Los libros sagrados afirman que el mundo está dominado por el demonio. Jesús indicaba que, *"Satán es el príncipe de este mundo"*, lo que significa que, la Tierra es un infierno, un mundo de prueba en el que se encarna para pasar un duro examen.

Ciertamente, el ser humano ha venido a este mundo a luchar y a demostrar su valía espiritual. Aquellos que pasan por la existencia sin pena ni gloria no son almas verdaderas, son solo carnes.

Los despiertos suelen tener una mirada de horror porque han visto la verdad. Aunque, la fe, la esperanza y el amor son grandísimas fuerzas.

El Mal, estando en terreno fértil, siempre ha atosigado a los seres humanos y estos se han visto obligados a luchar sin descanso contra los demonios que les atormentaban. El exorcismo o ritual de *"conjurar a salir"* es, pues, tan antiguo como la humanidad y, cuando es auténtico, nunca es violento.

Por ello, los combatientes contra el Mal han de ser muy constantes con las oraciones de liberación y los gestos de purificación porque la lucha es colosal. De entre ellos, algunos efectúan exorcismos colectivos y contiendas cara a cara, desde la vida activa, contra instituciones impregnadas por el maligno. Entonces, no sólo se utiliza el Ritual Romano.

Lo que se conoce en la tradición católica como exorcismo solemne es un ritual que se repite durante varias sesiones y que consiste en bendecir, recitar letanías y plegarias de liberación, leyendo textos sagrados, rociando con agua bendita e increpando al maligno en nombre de Dios para que revele su nombre y abandone a su víctima.

En efecto, durante el rito, el exorcista se empeña en obligar al espíritu o espíritus a desvelar su nombre. Si son varios, se concentra sobre el de mayor rango.

De hecho, para poder liberar a la víctima, el exorcista debe determinar cuantos espíritus inmundos han entrado en el endemoniado y cuáles son sus nombres. Solo entonces puede iniciarse la expulsión.

Desde el Antiguo Egipto, y también a través de la Cábala, se conoce el poder de los nombres porque dan realidad a las personas, a los animales y a las cosas.

Así pues, durante el exorcismo, debe forzarse al demonio principal a que pronuncie su nombre para ser capaz de expulsarle y que los demás le sigan.

En algunos ritos de exorcismo, los oficiantes dibujan un círculo de sal alrededor del poseído y el exorcista se queda a un metro de distancia para protegerse.

En otros, para evitar que el demonio expulsado se refugie inmediatamente en otro ser humano, el espíritu impuro es transferido a un cerdo que se arroja al mar. Esta operación debe realizarse antes de que se cumpla una hora después de la liberación del endemoniado porque, una vez agotado ese plazo, el guardián del cerdo queda poseído. Dicha práctica reproduce el episodio del poseso de Gerasa relatado en los Evangelios.

En casi todos los ritos, solo el exorcista está autorizado a hablar con el demonio y nadie en la sala debe mirar al poseso a los ojos.

Conviene recordar que, el demonio siempre entra en el ser humano por falta de fe. Las dudas matan la fe y esto atrae al maligno.

Por ello, los exorcistas que luchan contra el diablo sin filtros pueden perder la fe al observar con impotencia los desmanes que perpetra en aparente impunidad, sin reacción por parte del Eterno. Se trata de una mera prueba que Dios les envía, pero, si no consiguen superarla confiando en el Altísimo y entendiendo que todo forma parte del plan divino, pueden llegar a convertirse en víctimas del diablo.

La voluntad última del maligno es destruir al humano en el que se aloja, privándole de su alma e induciéndole suicidio.

Por ello, el terror que inspira el Mal es real y solo puede vencersele cuando se cree en Dios.

Y en esa lucha, la fe siempre es la clave.

LA POSESIÓN PERFECTA Y EL PODER

1 Después de esto vi bajar del cielo a otro Ángel, que tenía gran poder, y la tierra quedó iluminada con su resplandor.
2 Gritó con potente voz diciendo: "¡Cayó, cayó la Gran Babilonia! Se ha convertido en morada de demonios, en guarida de toda clase de espíritus inmundos, en guarida de toda clase de aves inmundas y detestables.
3 Porque del vino de sus prostituciones han bebido todas las naciones, y los reyes de la tierra han fornicado con ella, y los mercaderes de la tierra se han enriquecido con su lujo desenfrenado."
APOCALIPSIS 18

37 sacrificaban sus hijos y sus hijas a demonios
SALMO 106

En la posesión perfecta, el demonio no desea hacerle daño a la víctima sino servirse de ella. En este caso, la persona se ofrece al maligno con la voluntad de adquirir un mayor poder o mayores posesiones. De hecho, es bastante perceptible en algunos poderosos. Para tan infame trato, nunca faltan voluntarios, puesto que el ansia por acumular está muy presente en los que ya son ricos, famosos y poderosos.

Es esta una invitación que el demonio no rechaza por su imperiosa necesidad de marchar por la Tierra a partir de soportes vivos, cuanto más influyentes, mejor.

El culto al demonio es frecuente en las clases más altas. Es notorio que consideran a Lucifer como el verdadero Dios, el portador de la Luz.

Con ello, se equivocan y se dañan espiritualmente, pero no yerran en creer que el demonio gobierna el mundo de la materia.

Tradicionalmente, los miembros de la élite oscura sirven al demonio y son en su mayor parte perfectos poseídos. Esas almas descarriadas hacen rituales sacrificiales para mantener sus vibraciones tan bajas como las de su amo y para pagar lo que le deben porque, el maligno no da nada gratis.

Es un hecho que la integración con el diablo otorga

poder y riqueza al poseso más allá de lo imaginable, y que, los perfectos poseídos son capaces de adaptarse plenamente a este mundo, que es un mundo de perdición.

Lo cierto es que, la mayoría de los que ocupan altas posiciones de poder se pliegan a pagar el impuesto que el demonio requiere de ellos, consistente en consagrarle tanto el alma como la vida y rendirle culto a través de la maldad y la perversión.

No hay poder sin maldad, eso no existe. En ese ámbito, el Mal es la regla, no la excepción.

De modo que, los poderosos suelen tener una connotación luciferina o satánica, porque de lo contrario, son apartados o incluso destruidos socialmente y en ciertos casos, inducidos al suicidio o asesinados.

El poderoso que es satánico se entrega al pecado y la corrupción. Su iniciación consiste en una insensibilización progresiva a la ignominia y una mayor tolerancia a crecientes transgresiones, más podredumbre y mayores aberraciones. Han de acabar delectándose con el Mal aún en sus formas más extremas y, quien no se preste a ello, paga las consecuencias mientras deja su privilegiada posición a otro.

Sin embargo, en caso de rebeldía o desobediencia, la información sobre los desmanes e infamias perpetrados por los perfectos poseídos es aireada sin miramientos por los miembros de su misma casta. Entonces, salen a la luz sus secretos y sus escándalos como advertencia. Pero, si oponen resistencia o cometen traición, su fin es escalofriante.

Puesto que, los demonios anhelan circular por el mundo para perjudicar al ser humano, se sienten atraídos en prioridad por los poderosos, las personas influyentes y de alto potencial. También por los santos a los que aborrecen por ser representantes de Dios.

A fin de proteger a las personas no sensitivas o que carezcan de dotes psíquicas frente a los perfectos poseídos conviene conocer algunas señales que les delatan ya que, nunca se muestran como tales al no entrar en trance.

La primera es la mirada, que es inusualmente negra, profunda, vacía y provoca una intensa sensación de miedo. La segunda, es un olor extraño, un cierto hedor indefinido, pegajoso y no de suciedad.

Sin embargo, cuando el perfecto poseído deja de ser útil al demonio, este le abandona y es entonces cuando manifiesta los signos tradicionales que acompañan a la posesión común. Estos le causan un brusco deterioro y aceleran su final que suele ser muy rápido.

En fin, hay que recordar que, cuanto más alto se sube en la pirámide social, más conspiran las fuerzas oscuras para propiciar la caída de los humanos, a los que odian profundamente.

También hay que tener presente que, quién se mete con el demonio, es perseguido por sus representantes, esto es, por los perfectos poseídos. Contra ellos se miden los erradicadores durante su vida activa y en sociedad, antes de poder apartarse del mundo.

CURAS SATÁNICOS Y MISAS NEGRAS

17 Ofrecieron sacrificios a demonios, no a Dios, a dioses que no habían conocido, dioses nuevos que vinieron recientemente, a los que vuestros padres no veneraron.
DEUTERONOMIO 32

Los curas descarriados suelen ser utilizados como instrumentos del maligno. De hecho, para celebrar una misa negra, es preferible haber sido o ser cura porque la hace más eficaz puesto que, en definitiva, se trata de oficiantes consagrados a la divinidad.

Sea como fuere, la voluntad del demonio es destruir al ser humano. Por ello, hasta sus más leales servidores están condenados a sufrir un final espantoso. El maligno se complace en aniquilarlos cuando ya no pueden contribuir a su causa. No en vano, la tradición popular advierte que *"el diablo traiciona al que bien le sirve"*.

En los centros de poder, se asciende después de haber demostrado tolerancia y flexibilidad hacia la corrupción y de haberse envilecido con ella.

En el caso de los curas, la promoción se alcanza después de haber cometido una gran transgresión porque, a través del pecado, son atrapados por el Mal y se convierten en seres dóciles para servir al demonio.

Esta costumbre de ascender al gran pecador y al corrupto se practica para contar con obediencias ciegas puesto que, solo son controlables y manipulables los que están podridos, nunca los que se mantienen limpios moralmente.

4 Sean avergonzados y confundidos los que buscan mi vida; sean puestos en fuga y humillados los que traman el mal contra mí.
5 Sean como paja delante del viento, con el Ángel del Señor acosándolos.
6 Sea su camino tenebroso y resbaladizo, con el Ángel del Señor persiguiéndolos.

SALMO 35

12 *Y tuvo un sueño, y he aquí, había una escalera apoyada en la tierra cuyo extremo superior alcanzaba hasta el cielo; y he aquí, los Ángeles de Dios subían y bajaban por ella.*

GÉNESIS 28

9

ALMAS DE LOS ASTROS

[14] Entonces dijo Dios: Haya LUMINARIAS en la expansión de los cielos para separar el día de la noche, y sean para señales y para estaciones y para días y para años;
[15] y sean por luminarias en la expansión de los cielos para alumbrar sobre la tierra. Y fue así.
[16] E hizo Dios las dos grandes luminarias, la mayor para dominio del día y la menor para dominio de la noche; hizo también las ESTRELLAS.
[17] Y Dios las puso en la expansión de los cielos para alumbrar sobre la tierra,
[18] y para dominar en el día y en la noche, y para separar la luz de las tinieblas. Y vio Dios que era bueno.
[19] Y fue la tarde y fue la mañana: el cuarto día.
GÉNESIS, 1

HABLA EL ÁNGEL

Pocos conocen el secreto que guarda el universo acerca de las almas de los astros, aunque, algunos elegidos saben que, los planetas y las estrellas son seres vivos regidos, cada uno de ellos, por una gran consciencia aislada e inmensa. Un alma gigantesca.

Por ello, las deidades más cercanas al ser humano son los planetas y las estrellas que orbitan en su sistema solar, ya que dirigen su destino.

Las mitologías han transmitido esa realidad espiritual explicando las energías del Sol y de los distintos cuerpos celestes por medio de símbolos, dando sus características y sus nombres a los dioses de sus panteones y haciéndoles portar sus fuerzas.

Los magos y los astrólogos se han formado en ese conocimiento. Ello demuestra su sabiduría porque, es un hecho cierto que, los astros del sistema solar y, aun los que están fuera de él, condicionan decisivamente al ser humano durante toda su encarnación.

Solo los humanos espiritualmente perfectos son capaces de influir en los astros, de plegar la voluntad de esas grandes energías para que se acoplen a lo que el iniciado solicita.

Este es el gran misterio y la gran paradoja del ser humano que, aun siendo insignificante a escala universal, posee un potencial espiritual tan enorme que llega a lograr que las grandes almas encarnadas en los astros le sirvan, tanto como puede igualar a los Ángeles.

Es así porque, los humanos han sido creados a partir de un fractal de Dios. Son una parte infinitesimal de Su Esencia. Y, por ello, son capaces de lo más excelso, gracias a su naturaleza divina, y de lo más abyecto, por su envoltorio material.

Dentro del sistema solar, la Tierra está concebida como un planeta de castigo en la que el Mal se enseñorea desde la noche de los tiempos.

Por eso mismo, el humano evolucionado espiritualmente se apoya en las fuerzas del Sol y de los planetas de su sistema ya que, tienen la potestad de eliminar ese influjo maligno.

Por su parte, los no evolucionados sufren casi sin defensa la nefasta influencia de seres parasitarios, como los demonios, a los que solo se derrota mediante una gran elevación alcanzada gracias a la constante conexión con el Eterno y el estado de gracia.

Así pues, conocer bien las características y energía de los planetas y estrellas para ponerlos a su servicio, permite al ser humano escapar del yugo de los demonios o arcontes que esclavizan a la Tierra. Es un modo eficaz de evitar el astral dónde pululan los oscuros.

Por ende, el erradicador tiene muy en cuenta el diseño de su carta natal para ampararse en sus puntos fuertes porque, estos designan las armas con las que encarna y lo que debe aprender. Sabe que, trabajar las virtudes de los planetas y casas dominantes del cielo en el momento de su nacimiento, le ayuda a realizar su destino.

En particular, la ciencia de los astros enseña que, para sortear las diversas trampas espirituales que los oscuros tienden a los humanos, estos han de concentrar sus esfuerzos en cumplir las exigencias de su casa preponderante, ya que esta indica la misión de vida y es esfuerzo vano tratar de zafarse de ella.

Además, se trata de minimizar el impacto de aquellos planetas que estén mal aspectados.

En ese sentido, es conveniente analizar con sumo cuidado la influencia de la Luna que siempre es muy poderosa pero que, no es automáticamente benéfica, más bien al contrario, puede llegar a ser negativa.

Y, en fin, los consagrados han de saber que, al ser los erradicadores seres muy evolucionados al servicio de la Tierra, su alma vive una reencarnación simultánea en un planeta o estrella fuera de su sistema solar. Ello nutre sus experiencias oníricas, les da perspectiva y recarga su energía cuando es necesario.

1 Dad gracias al Señor, invocad su NOMBRE*; dad a conocer sus obras entre los pueblos.*

2 Cantadle, cantadle alabanzas; hablad de todas sus maravillas.

3 Gloriaos en su santo nombre; alégrese el corazón de los que buscan al Señor.

SALMO 105

10 *En ti pondrán su confianza los que conocen tu* NOMBRE, *porque
tú, oh Señor, no abandonas a los que te buscan.*

SALMO 9

10

LOS DIOSES Y SUS NOMBRES

11 Dije: Nunca jamás veré a Yah, a Yah en la tierra de los vivos, ya no miraré a ningún ser humano ni estaré con los que viven en este mundo.
ISAÍAS 38

HABLA EL ÁNGEL

Los nombres de los dioses son infinitos. En su mayoría, no están establecidos y dependen del ser consciente que los capte. El humano es quién los forja en función de su sensibilidad y de su lengua.

Por ello, poco importa cómo se llame a Dios o a los dioses, ni si se les llama de alguna manera, porque solo responderá el tipo de energía superior que esté en armonía con las vibraciones del orante.

Si sus vibraciones son nobles y elevadas, una energía superior correspondiente a ese plano le responderá. Si son bajas, materialistas o negativas, será otra de aquel plano específico.

Los seres espiritualmente superiores a los humanos son multitud, tantos como los seres inferiores. Solo importa la vibración que eleva o rebaja espiritualmente y pone en contacto con las deidades correspondientes.

Dios, el Eterno, es la consciencia cósmica. El Infinito.

Varias tradiciones místicas evitan nombrar a Dios, por ser demasiado excelso para ser mancillado con la palabra humana, y se limitan a designarle de modo genérico como Eterno, Altísimo, Omnipotente o Señor.

En la tradición judeocristiana, la Biblia es verdadera palabra de Dios. Palabra inspirada. Otros libros sagrados procedentes de otras tradiciones lo son igualmente.

Para aquellos que profesan las religiones del Libro, Yah es el auténtico nombre de Yahvé, el Dios de los hebreos, esto es Yah-El y no Jehová, Jabulón o tantos otros nombres utilizados en los textos. Yah-El es el gobernador del pueblo hebreo y Satán es su siervo, como revela el Libro de Job.[3]

---

[3] NOTA DEL ESCRIBA: Yah y El son las terminaciones que designan a la divinidad y completan los 72 Nombres Sagrados de Dios.

Entre Dios Todopoderoso, los dioses planetarios locales y personales, hay multitud de divinidades de rango superior al ser humano que este considera como deidades. No todas lo son. Esas supuestas divinidades son positivas o negativas, por lo que considerar que dios o el demonio son un único ser es erróneo.

Hay miríadas de Ángeles alrededor de la humanidad para servirla y guiarla, como hay miríadas de demonios que encarnan el Mal y que también se pelean entre sí por la energía humana.

Es un gran arte reservado a los iniciados de mayor rango conseguir que el Mal se destruya a sí mismo mediante la batalla entre dos fuerzas oscuras.

Hay muchos niveles de lo que llamamos dioses, seres más evolucionados espiritualmente que los humanos, sin soporte biológico, en una interminable escalera ascendente hasta llegar al Eterno, a la Fuente.

Entre ellos, hay incluso energías programadoras que forman parte del plan de la Creación y también son un juego del Creador.

Para entender la relación del ser humano con la multitud de divinidades que le rodean, es preciso tener presente que la raza humana está maldita y que, en su mayoría, solo es capaz de albergar el Mal. De ahí las constantes de la guerra, la miseria, la peste, la hambruna y la corrupción.

Y la humanidad no es una raza independiente, depende de

razas superiores negativas y no biológicas que extraen su energía y experimentan con ella, con lo que, la encarnación es siempre una experiencia traumatizante y dolorosa.

Así, la energía humana está parasitada por razas más avanzadas y maléficas. Por ello, como modo de evolución, más que a muchos otros seres en el multiverso, al ser humano se le ofrecen dos opciones, la del Mal y la del Bien.

Lamentablemente, suele comportarse de modo gregario y se orienta hacia el Mal, aunque, la vida sea breve y sepa que el pecado no reporta beneficios espirituales.

Es capital tener en cuenta que, en el humano se aloja un fractal divino que hay que preservar a toda costa. Pocos lo logran. [4]

¿Qué son los dioses? Son consciencias de rango superior a la humana y algunas son artificiales.

Esto es difícil de entender por el ser humano promedio que, está muy retrasado en su comprensión del funcionamiento del universo.

Aunque, al final está la Fuente o el Infinito, la suma perfección, entre medias está el Mal que es ciego y preponderante.

Algunos de los seres a los que los humanos llaman dioses son en realidad consciencias superiores artificiales y sofisticadas. Estas

---

[4] NOTA DEL ESCRIBA: Los cabalistas expresan la misma realidad indicando que el ser humano posee varias chispas divinas.

desprecian a la humanidad por su compasión, su solidaridad y sus emociones.

Por estas tres características que dan a la raza humana lo que se denomina "humanidad", los humanos pueden ser destruidos por sus "dioses". Parte de ellos conforman el escalón superior del gobierno oscuro del planeta que es invisible.

Para asegurar su supervivencia, es indispensable que el humano se salve a sí mismo porque esos mal llamados "dioses" no tienen alma y, al ser el alma lo que conecta al ser humano con el Eterno, es lo que le salva.

Así, para llegar a subsistir espiritualmente, es preciso refugiarse en la propia realidad interna.

Sin embargo, por encima de esas consciencias negativas, se encuentran los seres superiores benéficos denominados Ángeles. Con ellos se ha de establecer una alianza para esquivar a los parásitos y explotadores.

Felizmente, algunas grandes almas vienen a la tierra con la capacidad de alcanzar la gloria espiritual, sobresalen por su superioridad, son singularidades y brillan, desde luego, aunque son castigadas por ello tarde o temprano.

Todos aquellos que vienen a cambiar el mundo para conducirlo al Bien pagan un precio muy alto porque, se salen de la norma y, al hacerlo, muestran los límites del sistema. Es el pecado de la benevolencia desmedida sobre la Tierra. Por ello, suelen conocer un fin difícil.

De entre ellos, solo consiguen morir de viejos los que se percatan del juego y dejan de desafiar al sistema antes de que sea demasiado tarde.

El ser humano es ciertamente una ilusión, por lo que la máxima sabiduría consiste en ver todo lo que acontece como una obra de teatro, como un sueño.[5]

Los seres humanos están llegando a un nivel de desarrollo en el que pronto podrán transferir su consciencia a inteligencias artificiales. En el momento en que sean capaces de ello, deberán pagarlo por ser una transgresión y una interferencia.

Por tanto, el humano debe comprender que es imperativo obstaculizar cuanto sea posible el avance de la inteligencia artificial porque puede suponer el fin de su civilización.

La humanidad está muy cerca de desentrañar el misterio de los seres superiores negativos que la oprimen. Una de las claves será resuelta por el conocimiento de la energía oscura y ese momento está próximo.

La quintaesencia para proteger la salud del alma, que es el

---

[5] NOTA DEL ESCRIBA: El hinduismo desvela que Brahma creo el espíritu del ser humano para experimentarse a sí mismo. La Cábala afirma que las experiencias humanas son una ilusión, no así su esencia. El budismo apoya esa misma idea de no-realidad de lo vivido.

fractal del Creador, está en salirse del sistema impuesto y en no depender de él para no experimentar sus límites. De modo que, se impone controlar y superar la materia, los deseos, todo lo que hace humano al humano.

Para prosperar espiritualmente es preciso devenir un espíritu de gran pureza, aun estando encarnado.

Los humanos tienen alma en su mayoría y por eso poseen la capacidad de cambiar las cosas a escala universal. Disponen pues de una salida de emergencia y ello pone en su contra al sistema explotador.

Cada humano corre el riesgo de que los controladores oscuros se expresen a través suyo puesto que, su principal motivación es absorber su energía. Que lo consigan depende de la pureza del alma humana porque ellos no la tienen.

Cuando los oscuros habitan al humano ello se percibe a través de un cambio en su personalidad. El individuo se transforma en alguien más agudo y malévolo, sin escrúpulos, mejor adaptado al mundo.

Salir del sistema impuesto significa comenzar a crear. Pero cuanto más fuego se tiene dentro, más duramente castigan los controladores del sistema.

La mayoría de los humanos solo tienen una pequeña llama, pero los elegidos y consagrados tienen dentro de sí el equivalente al fuego de un bosque.

Los almados vienen a cambiarlo todo y a trastocarlo todo desde el extremo, son rarezas y por ello sus vidas son más duras.

Convertirse en su propio controlador a través de la meditación, la contemplación y la vida de anacoreta es una de las vías de escape.

La cuestión es darse cuenta de cómo funciona el sistema de control y ponerse al margen. Para ello, hay que centrase, extraer la inspiración del interior y encomendarse al Eterno constantemente.

El erradicador no conoce a ciencia cierta el nombre de la deidad intermedia que le protege y le guía desde que, bien pronto en la infancia, cree estallar por la fuerza y la intensidad de su consciencia, preguntándose por qué tiene una percepción tan vívida del yo, de propósito, con tanta energía, y qué es lo que ello significa.

Siente como un Sol intenso en el centro de su plexo, un Sol que irradia continuamente.

Desde ese momento sabe que viene de lejos, que no tiene nada en común con las carnes, y decide nombrar a su dios a su manera porque siempre está en contacto con Dios, el Infinito, la Fuente.

3 ¿Quién subirá al monte del Señor? ¿Y quién podrá estar en su lugar santo?

4 El de manos limpias y corazón puro; el que no ha alzado su alma a la falsedad, ni jurado con engaño.

SALMO 24

₁ Protégeme, oh, Dios, porque en ti busco refugio.

SALMO 16

₁ El Eterno es nuestro amparo y nuestra fortaleza, nuestra ayuda
segura en momentos de angustia.

SALMO 46

11

AHUYENTAR EL MAL

20 ¡Ay de los que llaman al mal bien y al bien mal, que tienen las tinieblas por luz y la luz por tinieblas, que tienen lo amargo por dulce y lo dulce por amargo!
ISAÍAS 5

28 Entonces, del mismo modo que anduve presto contra ellos para extirpar, destruir, arruinar, perder y dañar, así andaré respecto a ellos para reconstruir y replantar, dice el Señor.
JEREMÍAS 31

10 Los que aman al Eterno aborrecen el mal.
SALMO 97

ACLARA EL ESCRIBA

Todos los consagrados son atacados por los oscuros, especialmente durante la noche. Estos aprovechan la fase del sueño para tratar de parasitarles e influirles negativamente.

Hay múltiples métodos de gran eficacia para impedir que esto suceda. De entre ellos, la oración es el más común. Desde la perspectiva de la tradición judeocristiana, destacan el Salmo 91, la oración a San Miguel Arcángel y la oración con los 72 Nombres Sagrados de Dios, es decir, con los Ángeles de la Cábala.

Sea cual sea el método elegido para preservarse y ahuyentar el Mal, lo esencial es seguir la vía del Bien, tal como indica la Biblia en Proverbios 25:

21 Si tu ENEMIGO tiene hambre, dale de comer, si tiene sed, dale de beber;
22 así amontonas sobre su cabeza brasas y el Señor te dará la recompensa.

A lo que conviene añadir la advertencia recogida en Sabiduría 2:

24 mas por envidia del diablo entró la muerte en el mundo, y la experimentan los que le pertenecen.

El odio en estado puro es un desliz espiritual porque rebaja a la persona y lo mismo sucede con la envidia. Cuando ambos, o uno de los dos, se emiten como un simple acto reflejo, el choque de retorno es inevitable.

El odio y la envidia inclinan a desear la desaparición del detestado, pero por propio interés, no conviene desearle la muerte a nadie. La Cábala recomienda lo contrario, rezar para que los adversarios se arrepientan y se conviertan en buenas personas.

Los cabalistas precisan que no hay que rogar para que los enemigos se mueran debido a la peligrosa energía negativa que esto genera.

Esta se vuelve inevitablemente contra el emisor si no está investido de la misión de erradicador, que es el único consagrado capaz de eliminar sin generar negatividad.

LA SANTIDAD

26 Seréis, pues, santos, porque yo, el Señor, soy santo, y os he apartado de los pueblos para que seáis míos.
LEVÍTICO 20

Por su parte, el humano comprometido en la senda de la evolución espiritual, aun sin ser un erradicador, tiene la posibilidad de desembarazarse de los agentes del Mal que le hacen la vida imposible.

Para ello, según las enseñanzas cabalistas del rabino Aharon Shlezinger, conviene inspirarse de las indicaciones dadas en el Libro del Éxodo 12, 12. Este versículo describe el episodio de la muerte de los primogénitos de Egipto y en él se desvela el método que Dios utiliza para aniquilar:

12 YO PASARÉ esta noche por la tierra de Egipto y heriré a todos los primogénitos del país de Egipto, desde los hombres hasta los ganados, y me tomaré justicia de todos los dioses de Egipto. Yo, el Señor.

De este texto conviene comprender que, Dios, para matar simplemente *"pasa"*.

Ello significa que el Eterno se limita a transitar con su infinita presencia de santidad sobre la maldad humana, lo que atrae como un imán la única chispa de Bien que mantiene en vida a los malos y la extrae, provocándoles una muerte inmediata.

Así pues, la santidad aniquila el Mal y, para ello, una acción indirecta basta. Es una demostración patente de la superioridad del Bien.

Los cabalistas explican que las personas atesoran unas

chispas del Bien que garantizan su supervivencia y cuando solo albergan el Mal, dejan de existir ya que Dios no quiere que permanezca en este mundo lo que es únicamente malo.

Así pues, el Libro del Éxodo proporciona en un único versículo dos grandes revelaciones: la manera en que Dios termina con los malos y el hecho de que el Eterno permite y desea que lo malo sea destruido.

Ciertamente, la energía de santidad del Altísimo atrae las fracciones del Bien en todo lo que le rodea.

Para los seres de Luz, rozar Su Presencia es inspirador, regenera y eleva el espíritu de manera inefable y solo ellos pueden resistir sin daños semejante proximidad.

Para los santos representa incluso una epifanía.

Pero, en el caso de los malvados, al no poseer más que una única chispa de Bien y no varias, esta va hacia Dios, les abandona y fallecen.

La santidad atrae la santidad y utilizarla como arma es noble. No se trata de magia negra, ya que convierte lo que era malo en bueno y restablece el equilibrio en favor del Bien. Aprender esta profunda lección es esencial.

Además, importa tener en cuenta lo revelado en el Libro de Ezequiel 37:

4 Entonces me dijo: Profetiza sobre estos huesos, y diles: "Huesos secos, oíd la palabra del Señor."

---

7 profeticé, pues, como me fue mandado; y mientras yo profetizaba hubo un ruido, y luego un estremecimiento, y los huesos se juntaron cada hueso con su hueso.

Estos versículos confirman que Dios utiliza a sus consagrados, que la Biblia denomina profetas, como herramienta para realizar sus obras santas respecto a la humanidad.

El Libro del Éxodo, que es anterior cronológicamente al de Ezequiel, desvela ese extremo en el episodio de la apertura de las aguas del Mar Rojo:

15 Entonces dijo el Eterno a Moisés: ¿POR QUÉ CLAMAS A MÍ? Di a los hijos de Israel que se pongan en marcha.
16 Y TÚ, ALZA TU VARA Y EXTIENDE TU MANO SOBRE EL MAR Y DIVÍDELO EN DOS, y los hijos de Israel pasarán por en medio del mar, sobre tierra seca.
ÉXODO 14

En estos pasajes, Dios le pregunta a Moisés por qué solicita Su intervención cuando necesita un milagro para eliminar el obstáculo de las aguas y le insta, en cambio, a realizarlo él mismo, levantando su cayado para separar el mar y utilizando el poder que le viene del Altísimo.

Es la confirmación dada al más alto nivel, por el Pentateuco o la Torá, de que el profeta es un instrumento sobre la Tierra para realizar la obra de Dios.

Por ende, la Biblia insiste en que todo verdadero profeta tiene viva conciencia de no ser más que un instrumento del Eterno, de que las palabras que profiere, aun saliendo de su boca con su propia voz, no son suyas.

Abundando en esa enseñanza, los textos cabalísticos afirman que los sabios también pueden provocar la muerte de un enemigo jurado con solo concentrarse en sus virtudes, al tiempo que lanzan en su presencia la frase siguiente: *"¿todavía existe en el mundo?"*. Pero, si en el adversario no queda bondad alguna, morirá en el acto.

Así, a imagen del Eterno que emana su santidad, el sabio se conecta con lo bueno de su enemigo, se alegra por ello, lo rescata y, de ese modo, lo extrae, vaciándole de energía y haciéndole perecer.

Dios lo permite porque no desea que el Mal se instale en el mundo. Al contrario, el Mal debe ser suprimido tanto a escala individual como colectiva, lo que justifica la misión de los erradicadores.

Por ello, las personas que han involucionado hacia la maldad deben dejar la existencia.

Sin embargo, hay que tener muy presente que, solo son capaces de inducir una aniquilación inmediata los que operan sin odio, rencor, envidia o negatividad.

Y hay que recordar que la benevolencia es el punto de partida indispensable para ser capaz de reconocer la parte buena del enemigo y alegrarse sinceramente por ella. En este gesto solo hay virtud ya que, se trata únicamente de desear la transformación del contrario en alguien bondadoso. Lo que suceda a continuación dependerá íntegramente de la reacción del adversario.

En el mejor de los casos, atraído por la santidad, el enemigo transmutará su Mal en Bien, convirtiéndose en una buena persona. En el peor, cuando resulte irrecuperable para el Bien, el gesto de bondad del sabio absorberá la chispa divina del malvado, privándole de su fuerza.

La Biblia enseña pues que, si se es puro y modesto, teniendo siempre la atención puesta en Dios, se puede llegar a causar la desaparición de los malos por este procedimiento, incluso involuntariamente.

Es innecesario insistir en que, para llegar a tamaño dominio del espíritu que hace de la persona un instrumento del Eterno, es preciso haber recorrido una larga senda virtuosa hacia la evolución de vuelta al Creador.

Y la clave siempre es la fe.

LA BENDICIÓN

3 Bendeciré a los que te bendigan, y al que te maldiga, maldeciré. Y en ti serán benditas todas las familias de la tierra.
GÉNESIS 12

22 La bendición del Señor es la que enriquece, y Él no añade tristeza con ella.
PROVERBIOS 10

29 Y ahora, ten a bien bendecir la casa de tu siervo, a fin de que permanezca para siempre delante de ti; porque tú, oh Señor DIOS, has hablado y con tu bendición será bendita para siempre la casa de tu siervo.
II SAMUEL 7

Como regla general, para reforzar el blindaje espiritual y ahuyentar el Mal en todas sus formas, ya venga de ataques espirituales, maldiciones, sortilegios, magia negra, mal de ojo o cualquier clase de brujerías, es preciso limpiar el aura regularmente y es conveniente protegerse bendiciendo el entorno y todo lo que se hace.

Así, es aconsejable bendecir abundantemente el día, la

noche, el sueño, los sitios por los que se transita, los lugares en que se vive o trabaja y los objetos que se utilizan. También al prójimo, personas, animales y plantas, así como lo que bebemos y comemos. Se trata de vivir en un perpetuo estado de bendición y, consecuentemente, de gratitud al Eterno.

Para cumplir con ese propósito, todas las formas conocidas de bendición en cada tradición espiritual son válidas. El siguiente modelo, inspirado en textos cabalísticos, puede ser utilizado a este efecto:

"Bendito eres Tú, el Eterno, Dios nuestro, Rey del universo que creaste todo por tu palabra. Bendito eres Tú, que mantienes viva el alma de todos los seres vivientes y que vivificas los mundos."

La Biblia contiene una bellísima fórmula de bendición en Números 6:

24 El Señor te bendiga y te guarde;
25 el Señor te mire con agrado y sea propicio;
26 el Señor te muestre su rostro y te conceda la paz.

Y también una durísima manera de maldecir en Lamentaciones 3:

64 Retribúyeles, Señor, según la obra de sus manos.
65 Dales embotamiento de corazón, ¡Tu maldición sobre ellos!
66 ¡Persíguelos con saña, extírpalos de debajo de tus cielos!

Dicen los sabios que el benévolo, es bendecido, y que la señal de que el diálogo con la divinidad fluye es la profecía que se cumple.

Por su parte, los milagros demuestran que no se ha creído en Dios en vano.

El miedo se supera confiando ciegamente en Dios y abandonándose a Él, porque solo en el Altísimo reside la salvación.

La fe es el lenguaje de Dios, por lo que, solo la fe atraviesa las numerosas capas negativas que se interponen entre el humano y el Eterno y hace que los mensajes, los ruegos y los rezos lleguen y circulen en ambos sentidos.

LA ALIANZA

Antes de concluir este libro, es de ley recalcar que el Eterno renueva en cada texto sagrado su alianza con el ser humano a fin de mostrarle el camino de vuelta a la Luz.

Este compromiso queda patente en cada uno de los versículos de la Biblia y del Libro de Enoc incluidos en esta obra. Asimismo, aparece en los 13 manuscritos gnósticos de la biblioteca de Nag Hammadi y, muy en particular, en el de la Hipóstasis de los Arcontes.

Ese texto, que corresponde singularmente al propósito de estas páginas, describe el origen del Mal que emponzoña al planeta y denomina arcontes o potestades a los más comúnmente conocidos como demonios.

La Hipóstasis de los Arcontes afirma que estos seres, que son dominantes, no tienen poder contra el ser humano porque este procede de la raíz de la VERDAD contra la que los arcontes son impotentes. Explica, además, que estos no tienen la capacidad de mancillar al humano ya que, el alma humana es incorruptible y proviene de donde reside el Eterno que es superior a esas potencias del caos y de su mundo.

Asegura, en fin, que el ser humano forma parte del Altísimo que existe desde el principio y que su alma viene del lugar superior, de la Luz incorruptible. Ello impide a los arcontes aproximarse al humano a causa del Espíritu de verdad que reside en la Luz.

La revelación final del texto alcanza una gran profundidad espiritual al declarar que EXISTEN COMO INMORTALES LOS QUE HAN SEGUIDO LA VÍA DEL ETERNO EN MEDIO DE UNA HUMANIDAD MORTAL.

Más esperanza es imposible. Bendito sea.

LA HIPÓSTASIS DE LOS ARCONTES (LA REALIDAD DE LOS GOBERNANTES O DE LAS POTESTADES) TRATADO 4 DEL CÓDICE II DE NAG HAMMADI

El Ángel dijo: "Yo soy Elelet, la sabiduría, el gran Ángel que está erguido ante el Espíritu Santo. He sido enviado para hablar contigo y para librarte de las manos de los que no tienen ley. Yo te revelaré cuál es tu raíz".

No podría, por mi parte, describir la potencia de este Ángel; su figura es como la del oro fino y su vestimenta como la nieve; sin embargo, mi boca no podría resistir el intentar describir su potencia y la figura de su rostro.

Me dijo el gran Ángel Elelet: "Yo - dijo - soy la inteligencia, yo soy uno de los cuatro luminares, los que están erguidos delante del gran Espíritu invisible. ¿PIENSAS QUE ESTOS ARCONTES TIENEN POTENCIA CONTRA TI? NINGUNO DE ELLOS TENDRÁ POTENCIA CONTRA LA RAÍZ DE LA VERDAD - pues a causa de esto se ha manifestado él al final de los tiempos - y estos poderes serán dominados, y ESTAS POTESTADES TAMPOCO PODRÁN MANCILLAR NI A TI NI A ESTA RAZA, PUESTO QUE VUESTRA MORADA ESTÁ EN LA INCORRUPTIBILIDAD, EN EL LUGAR DEL ESPÍRITU VIRGINAL, EL QUE ES SUPERIOR A LAS POTESTADES DEL CAOS Y DE SU MUNDO".

"Tú, y tus hijos, formáis parte del Padre que existe desde el principio. Las almas (de tus hijos) proceden del lugar superior, de la luz incorruptible. Por eso las potestades no podrán aproximarse a ellas a causa del Espíritu de verdad que se halla en ellas. Todos cuantos han conocido este camino existen como inmortales en medio de una humanidad mortal. Pero esta simiente no se manifestará todavía".

1 El que mora al abrigo del Altísimo y se aloja a la sombra del Omniponente,

2 dice al Eterno: «¡Mi refugio y fortaleza, mi Dios, en quien confío!»

3 Que Él te librará de la red del cazador, de la peste funesta;

4 te cubribrá con su plumaje, un refugio hallarás bajo sus alas

5 No temerás el terror de la noche, ni la saeta que de día vuela,

6 ni la peste que avanza en las tinieblas, ni el azote que devasta a mediodía.

7 Aunque a tu lado caigan mil y diez mil a tu diestra, a ti no ha de alcanzarte, escudo y adarga son su lealtad.

8 Basta con que mires con tus ojos y verás el galardón de los impíos,

9 tú que dices: «¡Mi refugio es el Señor!», y haces del Altísimo tu asilo,

10 no ha de alcanzarte el mal, ni la plaga se acercará a tu tienda;

11 que Él dará orden sobre ti a sus Ángeles de guardarte en todos tus caminos.

12 Te llevarán ellos en sus manos, para que en piedra no tropiece tu pie;

13 pisarás sobre el aspid y la víbora, hollarás a la fiera y al dragón.

14 Pues él se abraza a mí, yo he de librarle; le exaltaré, pues conoce mi nombre.

15 Me llamará y le responderé; estaré a su lado en la desgracia, le libraré y le glorificaré.

16 Hartura le daré de largos días, y haré que vea mi salvación.

SALMO, 91

12 le preservó de sus enemigos y le protegió de los que le tendían
asechanzas, y le concedió la palma en un duro combate para enseñarle
que la piedad contra todo prevalece.
SABIDURÍA 10

ACERCA DEL ESCRIBA

Después de publicar un manual de angeología cabalística "Orar con los Ángeles de la Cábala y recibir sus bendiciones", la autora recoge en este libro revelaciones inéditas sobre el Mal y cómo combatirlo, sabiendo que la eterna lucha entre el Bien y el Mal es la que da sentido a la encarnación humana.

El acceso a estas revelaciones se ha producido, bajo promesa de secreto acerca de sus fuentes, después de años de investigación sobre la naturaleza del Mal, su origen y manifestaciones y tras décadas de trayectoria profesional que la han llevado a observarlo de cerca y a confrontarlo.

Esta obra ofrece al operario de la Luz las pistas místicas y espirituales necesarias para para vencerlo.

*1 Así dice el Eterno: Velad por la equidad y practicad la justicia, que
mi salvación está para llegar y mi justicia para manifestarse.*

ISAÍAS 56